歴史のなかのラディカリズム

編著◉——
新谷 卓
中島浩貴
鈴木健雄

彩流社

目次

序論　歴史の場としての「ラディカリズム」

はじめに

二〇世紀は、世界規模での「ラディカル」な変革があまた生じた時代であった。第一次世界大戦のさなか、一九一七年にロシア帝国で勃発した一〇月革命の結果、ウラジミール・レーニン率いるボリシェヴィキが権力を獲得したことは、そのもっとも代表的な事例の一つであろう。その後の内戦をへて成立したソヴィエト連邦は、それまでとは異なる新しいイデオロギー的基盤を持った国家の建設を確固たる形で示した。ソヴィエト連邦は社会主義を標榜することになる。ソヴィエト連邦が建国されて後、一九九一年に崩壊するまで社会主義陣営のもっとも強力な国家として、その存在は多くの人々に「社会主義」ないし「共産主義」と同一視されたのである。そしてこのようなイメージは現在でも根強く残っている。

だが、「社会主義」や「共産主義」をとってみても、ソヴィエト連邦に収斂するような歴史的に一枚岩の存在であったわけではない。一九世紀以降、各国で形成されていった「ラディカル」な集団は、極めて多様性に富んでおり、その考え方が単一の思想によって一元的にまとまっていたと考えるのは早計であろう。彼らに基本的に共通しているのは、現体制や社会への不満であり、政治、経済、社会に多くの問題を抱えた現状をどのように変革していくべきかが共通の関心だった。このなかで、その主な支持階層として彼らが目をつけることになったのが、現体制・社会から恩恵を得られていない人々であった。そのような人々にアピールすることで、その支持を取りつけるという戦略は大きな成功を収めたのである。

このような変革を求める運動は、多くの場合、現実の政治的状況や社会的状況に対する批判から成り立っていた。このため、自らの政治基盤を形成していくなかで、現実に存在している政治的秩序、社会的秩序に対抗する世界を、自らが作りしめす必要に迫られた。その対抗像を具体的なものとして整理することが求められたのである。このようななかで、一つの世界体系、世界観を形成した人物とみなされたのが、例えば、カール・マルクスとフリードリヒ・エンゲルスであった。理論的な色彩が強いマルクスの著作と、より直截的な政治行動が見えやすいジャーナリスティックなエンゲルスの著作が、現状の問題点を批判するとともに、のちの様々な運動に直接、間接的に影響を与えることになったのは、よく知られている通りである。

二〇世紀という時代は、アメリカを含むほとんどすべての国において、社会主義／共産主義を主張する政党が台頭し、その政治的・社会的発言力は決して無視できないものとなった。その一方で、この新しい勢力の台頭に対して、既成の政治勢力の反感が高まった結果、対立もまた激化していった。冷戦の崩壊は、このような対立軸を終焉させ、歴史的役割を終えたかのようにもみせた。しかしながら、社会主義、共産主義、アナーキズムに代表されるようなさまざまな「ラディカリズム」とそれに対応した対抗運動としての「反動」との相互往還は、今なお忘れてはならないテーマであり、いまだ開拓されざる視点を数多く秘めているのではないか。そして、このような視点は一九世紀から二〇世紀が始発点であるが、新しい世界観や政治的な立場の台頭によってさまざまな「ラディカリズム」が登場してくる状況は、特定の時代にとらわれないのではないか。本書の視点の根幹はここにある。本書では、ラディカリズムの形成と一方のラディカリズムへの対抗運動に焦点を当てることで、個々の時代状況や対象の変化の一端を見ていく。

概念としてのラディカリズム

ラディカリズムとは何か。この問題について考えるならば、まず「ラディカルなもの」あるいは「急進的なもの」

がどのように認識されているのか、概念の問題から確認する必要があろう。ラディカリズムは、基本的には急進主義と同じとみなされる。たとえば、一般的な辞典である『デジタル大辞泉』で「ラディカリズム」は「急進主義」「過激主義」「ラジカリズム」と同一のものとされ、「現在の社会体制や秩序の、急激な、あるいは根本的な変革を目指す主張や立場、ラジカリズム」と評されているし、[1]『ブリタニカ国際大百科事典』でも、同様に広義の意味合いでとらえつつ、イギリスにおける歴史的な用語としての「ラディカリズム」を以下のように論じている。

> 急進主義と訳されている。とはラテン語の radix (root) に語源をもち、根本的、根底的、徹底的という意味である。したがってラディカリズムは現存制度を根本から変革しようという考え、ないし行動指針をいい、漸進主義や改良主義に対立するものとみなされる。しかし、イギリスではこのような一般的用法とは違った意味で使われてきた。一八世紀後半のイギリスにおいて民衆の間に議会改革運動が生じたが、ホイッグ党の改革主義と区別して、これがラディカリズムと呼ばれるようになった。両者の違いは制度の欠陥が耐え難くなってから改革しようとするのがホイッグ主義であるとすれば、欠陥がわかるとただちに改めようとするのがラディカリズムであるといえる。一九世紀に功利主義者たちが哲学的急進派と呼ばれたのも、この用法によるためである。[2]

この記述は、「ラディカリズム」という用語自体、普遍的に適用される語彙としてと、特定の国家・時代状況のなかで限定的に用いられる固有名詞に近い語彙として活用されるものに分かれることをはっきりと示している。本書では、基本的に前者の意味を重視している。

一方で『社会科学総合辞典』では、「急進主義のこと。日本では、保守主義と区別される右翼急進主義と、科学的社会主義と区別される無政府主義やサンディカリズムなどの「左翼」的な小ブルジョワ急進主義の両方をラディカリズムとよんでいる[3]」と述べ、二元的な対立軸を特に強調しているが、こうした視点も「ラディカリズム」の性格をとらえる上で無視できない。

政治学的な視座からはさらに全体的な観点からの説明がなされている。『政治学事典』では、大川正彦が「ラディカリズム」を、特定の時代状況に限定されない普遍的に共通性のある事象として論じている。

「根源」を意味するラテン語 radix に由来する用語で、現存する体制・制度を批判的に問題化し、原理・原則に基づく正当性が与えられない制度を改革もしくは廃棄することを主張する態勢・運動〔傍点は中島〕。政治的心情として確定したものを見出すのは困難だが、政治的なスタンスに特徴がある。実際にどのような内実をもつかは、ラディカルズ自身が置かれる状況に左右される。古くは、宗教改革期の千年王国説にはじまり、様々な時代の徹底した平等を希求する政治思想・運動を実例とみなしうるが、ファシズムなどもラディカリズムの一種であると考えうる。政治学上の用語として、その反対物をあげるとすれば、保存と部分的な修正をこととする保守主義となろう(4)。

本書の「ラディカリズム」認識も、この指摘とほぼ同一である。ラディカリズムにせよ、急進主義にせよ、基本的にその動因は現状に対するなんらかの不満であり、それをどのように転換していくべきかという考えがもたらすものである。このなかでラディカリズムの概念構成とも関わる重要な観点が、現状認識である。現状をどのように捉え、それを打破していこうとするのかが、一つの問題となる。この現状認識という問題においてさえ、ラディカリズムは基本的に相対的なものであるにすぎない。つまり、不満とする現状を措定するなかで、この現状の変革を自らの課題とすることになる。このため現状とは批判的に認識されるものであり、変更ないし打破すべき存在となる。そのために多くのラディカリズムの運動が、当初小規模な集団から始まることは理にかなっている。いかなる現状であったとしても、それは既定の社会で中核をなしているものとして認識されるものであって、これに対する対抗運動は少なくとも当初は小規模なものから始まらざるを得ないからである。

ただし、ラディカリズムが小規模な存在で始まることは、その運動が常に小規模な運動であり続けることを意味しはしない。時として現状や社会における問題を鋭くえぐるこのラディカリズムの運動が、現状に対する不満をすくい上げ、大きな政治運動になることもある。とはいえ、本書では、このようなラディカリズムの急激な政治運動への広がりといったものよりも、ラディカリズム自体が個々の事例でどのような性質を持っているのかに対して関心を払いたい。ラディカリズムは歴史的にしばしば見られる現象であるが、その主張はともかく基本的には対象を措定するため、相対的なものにならざるを得ない。そして、興味深いことに、このラディカリズムを個々の事例において考慮する際、多くの場合において、政治的な攻撃・差異化する用語である「左翼」「右翼」といった党派的な対立軸の問題がつきまとってくるのである。当然のことながら、この「左翼」「右翼」といった党派は絶対的なものではない。また、この右と左という概念区分も、基本的には他者から規定されたものに過ぎない。自らを中心においた場合に、どのように他者を規定していくのか、これも問われることになる。ラディカリズムにまとまりがなく、多様な方向性の運動となりうるのはこうした状況と関係している。現状をどのように認識するのか、現在の他者にどのような問題性を見て、それを急激に変えていこうとするのかが問われるのである。

このため、ラディカリズムには個別の時代状況・地域における「現状」認識が決定的に重要となる。つまり、現状として他者を認識するのであれば、基本的にはこの他者に対する行動は否定な形を取ることになる。またこの相手の脅威の度合いをどの程度に認識していくかによって、ラディカリズムにつきまとう対抗措置もまたさまざまな強度を伴うものとなるのである。相手の脅威が深刻であればあるほど、相手を排除する手段は一層強力にならざるを得ない。ただし、相手が強力であるか否か、脅威の度合いの測定は、客観的なものとはならないため、常にアクターの主観的な評価のもとにおこなわれることになる。アクターの主観が大きな意味を占めるということは、他者の行為や意図に関する主観、思い込み、拡大解釈もまた認識のなかに必然的に含まれることになってしまうのである。

このように「ラディカリズム」から生み出されるものとしては、既定の政治的秩序に対抗しうる新しい政治秩序や社会像への視点、そして対抗する具体的な方策の形式がどのように表現されるのかが重要となる。「ラディカリズム」の担い手たちがいかなる思想を持ち、どのようにその行動領域のなかでなにを成し遂げようとしていたのかといった問題が問われよう。

「対抗ラディカリズム」と「抵抗ラディカリズム」

本書では、「ラディカリズム」を分析する際に、政治学、歴史学、文学といった各々独立した方法論のなかで、それぞれの「ラディカリズム」が論じられるが、大まかに基本的な方向性として二つの「ラディカリズム」に分類している。

ひとつが「対抗ラディカリズム」である。現状に対し「抵抗」する運動が拡大し、既成の権力や秩序を脅かすものになると、その「抵抗」に対する対抗運動が生じることになる。この場合のアクターは既存の社会秩序に責任を持っている存在であり、旧来の国家体制の安定を意図する側に立つことになる。ただし、「対抗ラディカリズム」において顕著になるのは、対抗するべき相手への対応をめぐって「対抗」側もまた、旧来の社会秩序を変革するラディカリズムの特徴を急激に示していくことである。このような傾向は、とりわけ伝統を墨守するはずであった保守派の内部や、政治家や軍隊の中で見られる傾向がある。本書の第一部では、ここに着目し、反体制的な傾向を強くもつ「ラディカリズム」に対して、「体制」側の人間が、このような運動に対してどのように対抗策をとっていったのか、あるいはどのように反発していったのかを見ていく。相手の「ラディカリスト」をどのように認識し、それに対抗していく方策を導き出したのか、あるいは対抗策として更なるラディカルな思想、行動をどのように成し遂げるに至ったのかという問題について検討していきたい。

次に問題となるのが、「抵抗ラディカリズム」である。現状の政治状況に対抗していくためには、小規模なグループ化が行われる。ラディカリズムは個人で表明されることはもちろん、集団の形でも成し遂げられる。とくに政治的な活動として行われていく必要があるときにこのような動きは重要となっていくのである。このため組織化、集団化としてどのようにとらえていくのかが問われる。このような小規模組織をどのように見ていく必要があるのかである。第二部では、国家、社会の「メインストリーム」とみなされていた動きに対して、「抵抗」した人々、マルクス主義者、社会主義者、もしくは特定の党派に帰すことのできない人々に焦点を合わせたい。反対者としても小集団であったか、あるいは個人にとどまった人々がどのように思考し、行動していったのかに着目したい。

もちろんこの二つの類型は絶対的なものではない。どちらかといえば、個別の問題に共通性を見出そうとするなかで見いだされたものでもある。しかしながら、「ラディカリズム」という広範な事象を見ていくに際し、一般的な視点や近現代に限定された視点から解放されるという大きなメリットがある。

各章の概要とその背景

さて、本書『歴史の中のラディカリズム』では、このような対立概念を念頭に置きつつも、ラディカリズムをこのような概念的枠組みだけにとらわれないように、個別事例を検討した論文集となっている。本論に入る前にそれぞれの論考を概観しておきたい。本書は基本的に、個々に独立した論文からなっている。それは個々の研究者が「ラディカリズム」という概念を個別の対象でどのようにとらえたのか、そして個別の研究者の根底には、「ラディカリズム」がどのような運動に結びついていったのかという観点がある。そのため、相互の論考は直接結びついてはいない。その一方で「ラディカリズム」には、地域を超えた共通性もまた見いだしうるのである。本書を確認すると、近現代における日本とドイツの類似状況が扱われていることに気がつくであろう。このような類似性の根源を求めることは本書の意図ではないが、「ラディカリズム」という軸を用いることで、同時代的共通性を比較検討しうる視座がもたらされると考えていただければ幸いである。なお、本書は個別の論文から成り立っているため、一般や学生の読者にとって、時間軸や対象が異なる時代や地域の状況を少しでもわかりやすく理解してもらうため、次に論説の背景を説明した概要を示しておく。

第一部「対抗ラディカリズム」は、三本の論考からなる。

まず第一章「三王国戦争期イングランド王党派ネイション概念とラディカルな契機――『月面の男』を手掛かりに」（小島望）では、一七世紀イングランド王党派のナショナルな言説とラディカリズムのつながりが検討される。

今日のイギリスは、イングランド、スコットランド、北アイルランドから成る。本章は、そのうちイングランドを扱う。理解を促すために、ここではまず、一五世紀末から一九世紀までの流れを概観する。百年戦争終結後、王位を巡るばら戦争（一四五五年～一四八五年）を制したヘンリー七世は、新たにチューダー朝を創始した。この王朝の意義は、ヘンリー八世期（一五〇九～一五四七年）の宗教改革を通じて、カトリック教会や神聖ローマ皇帝といった普遍的権威から独立したことだ。スペイン無敵艦隊を撃破したエリザベス一世の死と共に、スチュアート朝が一六〇三年に成立する。この王朝の特徴は、単一の君主が、スコットランド、アイルランドをも同時に統治したことだ。法や信仰が異なる国々を単一の君主が治めることは困難で、一六三八年のスコットランドでの反乱を機に、イングランドでは議会派と王党派の戦い（イングランド内戦）が始まった。勝利した議会派は、国王チャールズ一世を処刑し、共和国を宣言した。一六六〇年に王政復古を果たしたチャールズ二世の後継者であるジェームズ二世は、カトリックへの寛容政策のために国内の不満を高め、一六八八年にはオラニェ公ウィレムとメアリーがイングランドへ上陸し、議会によって共同統治者として承認された（名誉革命）。二人の後に王位に就いたアン女王の時代に、イングランドとスコットランドは合併し、今日のイギリスの原型が確立された。彼女の死に伴うハノーヴァー朝の誕生を挟みつつ、名誉革命直後から一九世紀の初頭にかけ、イギリスはフランスとの断続的戦争状態（第二次百年戦争）に突入し、勝利した。その結果、世界最大の植民地を領有するに至ったイギリスは、同時期に始まった産業革命とも相俟って、二〇世紀初頭まで世界の覇権を握った。

さて、イギリス史におけるラディカリズムの出発点はどの時代であるのだろうか。歴史学者ステッドマン・ジョーンズによれば、イギリスにおける「ラディカリズム」あるいは「ラディカル」という語は、一七世紀に生じ、次第にその意味を変化させつつ、一八世紀において「民衆的かつ民主主義的」[5]意味を帯び、一九世紀には政治権力や政治的代表を巡る異議申し立てという文脈に位置づけられるようになったという。[6]以下では、彼の見解を手掛かりに、一七世紀から一九世紀にかけてのイギリスにおけるラディカリズムの流れを確認したい。

先に言及したイングランド内戦に前後する時期には、議会派と王党派との戦争を背景として、様々なラディカルな運動が表舞台に現れた。イングランド人の「自由」に基づく政治体制の確立を目指したレヴェラーズ（水平派）や、キリストの再臨を予言した第五王国派、反道徳的色彩を帯びた宗教的民衆運動であるランターズといった様々なグループが活動した。しかしこうした潮流は、共和国政府の弾圧や一六六〇年の王政復古と共に後退した。

大衆的基盤を備えたラディカリズムがイギリスにおいて再び前景化したのは、概ね一七六〇年から一七七〇年にかけての時期であるとされている。[7]それを象徴する人物が、ジョン・ウィルクスであろう。彼は、当時の政府に対する攻撃を行い、当局の弾圧を経験しながらも下院議員となって、民衆から反体制的英雄として評価された。[8]彼が支持を集めた背景には、当時のイギリスの政治制度の不公平さがあった。俸給を伴う名誉職の存在や人口動態の変化を無視した選挙区の設定等である。[9]こうした状況を受けて、議会改革を求める大衆的運動の萌芽が、イギリスにおいて生じた。この動きは、ナポレオン戦争後の参政権拡大運動へと流れ込んだ。こうした文脈において、一八一〇年代に「急進委員会（radical committee）」という名の運動団体が組織された事実は象徴的だ。[10]さらに、功利主義哲学で著名なジェレミー・ベンサムや、ジェームズ・ミルらが構成した、いわゆる「哲学的急進派（Philosophical Radicals）」と呼ばれるグループがほぼ同時期に活動を開始し、それは一八三二年の選挙法改正に結実した。[11]

一八三二年の選挙法改正が中産階層のみに参政権を付与するものであったことから、参政権を求めるラディカルな運動は、これ以降も継続した。いわゆる、チャーティズム運動である。これは、男子普通選挙権に代表される民主主義的綱領、「人民憲章（People's Charter）」の実現を求める運動である。この運動の参加者たちの思想や活動方針は多様であったが、政府による暴力的弾圧が生じた場合には武力を用いてでも運動を維持すべしとの主張が存在し、また大衆が参加したデモンストレーションでは、警官隊との流血沙汰も見られたのである。(12)

本章では、ラディカリズムという事象がイギリスで初めて生じたとされるイングランド内戦に前後する時期を取り扱う。本書の基本的前提から見て取れるように、一般にラディカリズムは、既存の権威への挑戦や体制の変革と結びつけられる。そうした見方は、確かにラディカリズムの一側面を捉えている。けれども、それは必ずしも政治や社会の急進的改革の要求のみに現れるのではない。この点を浮き彫りにするために、政治的宗教的権威に対する挑戦への反発という、ある意味で保守的な勢力におけるラディカリズムの現れという問題を検討したい。

第二章「ドイツ帝国における『反軍国主義』とプロイセン・ドイツ陸軍における『対抗ラディカリズム』」（中島浩貴）では、一八七一年に成立し、一九一四年には第一次世界大戦に突入していったドイツ帝国における「対抗」ラディカリズムの状況を論じている。

近代における大陸ヨーロッパのラディカリズムについて考察するならば、同地域にナショナリズムが拡散されるきっかけを作ったフランス革命からナポレオン戦争まで（一七八九～一八一五年）のインパクトを無視することはできないであろう。とりわけドイツ地域は、プロイセン、オーストリア、バイエルン、ザクセン、ハノーファーといった大中小様々な国家に分かれていたが、一連の事件を経て、ドイツ語を軸とする国民国家を建設しようとするナショナリズムが無視できないものとなった。ウィーン体制期（一八一五～一八四八年）には、ドイツ連邦という国家連合体が設立され、単一の国民国家建設への直接的な動きは回避されたが、これに対する不満は高まっていった。ドイツの歴史のなかで、歴史的な固有名詞として強く認識される「ラディカリズム」が台頭してくるのが、まさにこのウィーン体制期から一八四八／一八四九年の三月革命までの時期である。[13] この「三月前期（Vormärz）」と呼ばれる時期には、ナショナリズム、思想信仰の自由、社会的不平等の問題をはじめとした、政治的主張に対する抑圧への不満が爆発したのである。

ドイツで三月革命が失敗し、また、ドイツの国民国家建設の夢が破れたのちも、ドイツ民族の統一国家を求める動きはくすぶり続けることになった。ここで中心的な役割を果たしたのが、プロイセンである。一八六一年にプロイセンの首相となったビスマルクは、当初このようなナショナリズムを満たす存在とは全く見なされていなかったにもかかわらず、国際情勢の変化に乗じて、ドイツ国家建設に関係する国内外の諸問題を結果として解決していくことになった。プロイセン議会との深刻な対立をもたらした軍事予算審議をめぐる「憲法闘争」、シュレスヴィヒ・ホルシュタインをめぐるデンマークとの戦争（一八六四年）、来るべきドイツ民族の統一国家建設のために、プロイセンとオーストリアのいずれかが主導権を握るかを争い、これに中小のドイツ諸国も追従するなかで争われた普墺戦争（一八六六年）、そして、ヨーロッパ随一の大国であり、ナポレオン戦争以来のドイツ民族のライバルであったフランスとの普仏戦争（もしくは独仏戦争、一八七〇〜一八七一年）、これらはすべて軍事力と結びついていた。戦争の勝利によって国家間問題を解決することでプロイセン（・ドイツ）の軍事力が極めて大きな役割を果たしたことは、ドイツ帝国における軍の立場をも不動のものとしたのである。

しかしながら、このようなナショナリズムに親和性のある帝国の建設に対する反発もまた国内に内包されることになる。プロイセン中心のドイツ統一において従属的な地位に置かれた諸国の人々や軍事的な手段によって建設された国家の価値観に距離をとる人々が少なからず存在していた。自由主義者、ザクセンやバイエルンなどの非プロイセン地域の人々、社会主義者、平和主義者、こうした人々の間では、プロイセンへの反発は、さまざまな形で表現されることになったし、プロイセンを象徴する国家組織のひとつであった軍隊はこうした反発の格好の的となった。こうした主張は、「反軍国主義」と呼ばれる動きに結びついていくことになる「反軍国主義」の語り手は、プロイセンに対する反発を批判や皮肉でもって表現することに成功したのである。これに加えて、国内外の平和運動もまた間接的に軍事優先の国家運営に対する批判を浴びせかけることになった。そして、今度は軍の側からこのような主張に対抗していく視点が登場してくる。

以上のような背景のもと、第二章では、ドイツの軍事言説のなかでこのような批判者たちがどのように認識されていたのか、そしてそれに対する対応がどのような形で行われるようになっていったのかという問題を検討したい。軍事言説のなかで一八九〇年ごろまでに主たる攻撃対象とされたのは、自由主義者であった。これが一八九〇年代に入ると批判の矛先は社会主義者に向けられることになる。ここで問題となるのは、何が批判の対象とされたのかという点である。社会主義者の軍隊に関する世界観なのか、政党として存在感を強めていくその存在にあったのか、具体的な政策であったのか、それとも代表的な社会主義者の理論家への対応だったのか。軍事について語られるなかで、社会主義者に対する批判がどのように変化していったのかを見ていきたい。軍ないし軍事著述家が、軍に対する批判者に対抗するなかで、いつ、どこで、だれがそのような発言を積み重ねていったのかをとらえたい。プロイセン・ドイツ軍において、批判者たちが現実にどのような脅威として認識され、対抗措置が取られたのか、あるいは具体的な対策としての軍事著述家による対抗プロパガンダが確立していったのかを明示できると思われる。

軍をめぐるラディカリズムの相克がどのような形で膨らんでいったのかを検討することによって、第一次世界大戦以前の「反軍国主義」と軍・軍事著述家の対抗状況を検討していくことになろう。

次に、第三章「日本における反動右翼のラディカリズム――「イデオロギーの内戦」一九一七〜一九四一年」（新谷卓）では、日本のラディカリズムについて見ていく。昭和に入ってから敗戦までの間で、ラディカリズムに分類できる勢力で注視すべきは、右翼のそれであろう。とりわけ一九三〇年代に連続して起きた大きなテロ事件は、ほぼ右翼思想に影響された者の手によるものであった。主なものだけをあげても、浜口雄幸首相が東京駅で狙撃され重傷を負った事件（一九三〇年）、軍部のクーデタ計画が発覚した三月事件、一〇月事件（一九三一年）、井上準之助前蔵相、三井財閥の団琢磨が暗殺された血盟団事件（一九三二年）、同年犬養毅首相が射殺された五・一五事件、永田鉄山軍務局長が白昼陸軍省の中で斬殺された相沢事件（一九三五年）、そして最後に二・二六事件（一九三六年）、未遂のものも含めて連続して要人テロ事件が起きた。

これらの事件の原因を一くくりにするわけにはいかないが、その背景には、世界恐慌・昭和恐慌による経済的な危機、それによってもたらされた農村の窮乏、国際的には、英米中心の軍縮条約締結、いわゆる「満蒙の危機」、政治問題としてはデモクラシーの勃興、社会主義勢力の発展などがあった。テロに走った右翼は、こうした国内外の危機にもかかわらず、政党政治家は財閥と結びつき、富を独占している、堕落した軍の中央部も、国家改革に取りくもうとせず、国際協調という名の下に英米従属に甘んじている、君側の奸を倒し、一君万民の天皇の御親政に代われば、問題が解決する、と考えたのである。

加えて心理的側面からすると、彼らの行動をラディカルにさせたのは、義憤にかられた正義感と自己犠牲、直線的な感情爆発、要人を暗殺すれば問題が解決するというある種単純な世界観であった。彼らの計画にはテロ後の構想がなく人事の刷新で完結しており、それは政治ではなくいわば文学（ロマンティシズムと言い換えてもよい）の領域にとどまるものだったといえる。また彼らは、非エリートであり、また軍の中では将来を約束されている天保銭組（陸大出身者）ではない地方出身の青年将校であった。その意味で階級的な要素も過激さをエスカレートさせる個人的な動因となっていた。

そもそも右翼とは何か。戦後、右翼は保守主義の徹底とも考えられてきたが、保守という言葉を「現状を守ること」と定義すれば、右翼と保守主義は袂を分かつ。体制側が近代化を目的として社会改革を強硬に押し進めていこうとするならば、右翼は、左翼と同様、保守と対立する。そのとき右翼は体制批判を強め、近代化を進める以前の社会に押し戻す方向へと動く。とりわけ、保守が外国の勢力や思想と結びついているとき、たとえば近代化が欧米化と同義であるとき、右翼のナショナリズムが強く刺激され、過激な行動に走る。ここに右翼ラディカリズムが生じるのである。

本書の前提としてあるように、ラディカリズムを「抵抗ラディカリズム」と「対抗ラディカリズム」の二つに分類すると、日本のこの時代の右翼のラディカリズムは、「対抗ラディカリズム」に分類されるだろう。本章ではさらに右翼の「対抗」の対象について考察を加えている。すなわち右翼は何に対して「対抗」してきたのか、という点である。大まかに分ければ、時代順に四つの対象があったと考えられる。

第一に、第一次世界大戦以前は政府の直接的な欧化政策に対して、第二に、第一次世界大戦から一九二〇年代の後半にいたる時期においては、ロシア革命を背景にした国内の社会運動の勃興に対して、第三に、二〇年代後半からは経済恐慌を背景に、資本主義や財閥に対して、第四に、同じころ、軍人の減俸を決め、対中積極政策を修正し、ロンドン海軍軍縮条約を交渉・調印した民政党内閣に対して（最終的には政友会を含めて政党政治全体に対して）対抗したと考えられる。

本論で着目しているのは、第二から第三・第四への動きである。第一次世界大戦後に雨後の筍のように現れた右翼団体の撲滅対象は、その背後にいた外国勢力と結びついた、あるいはそれに影響を受けた労働運動や農民運動など左翼勢力であった。だが、恐慌の前後を境に右翼は、批判の対象を、英米との協調を前提とする資本家やそれと結びつく政治家に変えていくのである。右翼の標的が変わったときに、右翼はもっとも過激な行動に走った。日本において、右翼のナショナリズムをより刺激したのは、ソ連やコミンテルンに影響された左翼ではなく、資本主義だったのである。

この後、すなわち二・二六事件の終息によって、資本主義に「対抗」する右翼ラディカリズムは、軍部・官僚からなる支配機構によって完全に抑え込まれるのだが、実は丸山眞男が言うように、体制側はこの右翼ラディカリズムのエネルギーと基本的な構図を内面化し、英米との開戦の道へと進む推進力となったのである。この隠れた結びつきは、この時代を見る上において極めて重要な点であり、本稿の主題から付随的に生じる問題として若干触れている。

次に、第二部「抵抗ラディカリズム」は、四本のエッセイ、論説からなる。

第四章「政治を超えたラディカリスト　福本和夫」（清水多吉）は、福本和夫を通じて、日本における思想の多様性を論じたものである。福本和夫と直接対話したこともある著者は、一種の個人史として福本とその時代を論じており、事実認識として現在等閑に付されている事象を再度確認したものとしても魅力的である。本章はこのため学術論文のスタイルをとらず、エッセイとして記述されており、当時の生き生きとした状況を描き出すことを意図している。

第五章「反体制派のなかの反体制派　一九二〇／三〇年代　日本における「転向」と「山川イズム」、左派社会主義労働組合運動」（ティル・クナウト）の主題は、転向と非転向である。そもそも、転向とは何だろうか。転向は、いわゆる「思想犯罪者」を日本天皇制国家の忠実な臣民としてリハビリする方法であった。一九二四年に加藤高明内閣の下で「治安維持法」が可決された後、「国体」や私有財産制度を公然と非難している活動家を逮捕することが可能になっていた。成人男性の選挙権という「アメ」とともに、政府は「ムチ」を労働運動に向けていたのである。日本国内では、これは主に無政府主義者、共産主義者、左翼社会主義者に向けられていたが、この法律が日本列島に限定されたものではないことを理解することが重要である。それはまた、朝鮮の反植民地活動家に対しても向けられたのだ。この法律が導入されて以来、一九四一年の太平洋戦争の開戦まで、六万六〇〇〇人の「思想犯罪者」が逮捕された。

朝鮮とは異なり、日本では有罪判決を受け、投獄された左翼活動家はほとんどいなかった。おそらく、日本政府は、終末期のロシア帝国の教訓を学んでいたのだろう。皇帝の警察は政治囚を統御できなくなっており、その代わりに、刑務所は新しい活動家を募集するための場所になっていた。そのことから日本では、一九三一年から一九三三年の間に逮捕された四万人を超える左翼活動家のうち三分の二が釈放された。起訴された人数はやっと二〇〇〇人を超えるだけであり、四〇〇〇人以上が起訴を受けずに釈放され、警察によって監視されていた。韓国では日本国内と対照的に、一九二五年から一九三一年の間に逮捕された一万二〇〇〇人以上のうち三分の二が起訴された。日本では同じ期間に起訴されたのはその約二〇分の一に過ぎなかった。

政府は両刃の政策を続けた。一方で「治安維持法」が強化され、一九二八年以降、国体の廃絶を目的とした政治組織を設立することは、最悪の場合には死刑に処せられることもありえた。他方、政府は少年刑法改革を採用し、思想犯罪者の更生を推進することを決定した。一九三〇年代には、警察の監視と国家の援助を受けた支援団体からなる複雑なシステムが登場した。(14) こうした関連のなかで、一九三三年の夏、日本共産党の佐野学と鍋山貞親の両首脳が転向を行った。マックス・ウォードによると、佐野と鍋山の「転向」は、西洋と同様に日本の歴史記述においても、転換点として把握されている。多くの歴史家にとって、これが大正民主主義から昭和ファシズムのへの転機だったのである。(15)

もっとも、鍋山と佐野は共産主義の政治的な基本線と手を切ったわけではなかった。それどころか、彼らは相変わらず自らを社会主義者、すなわちソ連の指導下にあるコミンテルンの政策を拒絶する社会主義者として理解していた。その代わりに彼らは、帝国日本の天皇制国家の独自性を拠りどころとし、日本の国家社会主義者と同様に、天皇制国家を、日本において、そして（軍隊の力をかりて）アジアにおいても社会主義を実現するための手段として理解していた。そうしながら、彼らは帝国主義者とアジアにおける植民地主義的な膨張に味方し、国家によるプロパガンダの成功例となったのである。佐野と鍋山に続いて、投獄された日本共産党員の大半も転向を行った。このようにして、日本共産党は事実上存在しなくなり、大学生たちの活動家によって管理されている密かな小部屋のなかで影の存在としてなんとか生き延びていた。

本章の中で示唆するように、日本共産党は転向について話すのを好まなかった。転向はもちろん政治的な敗北であり、その影響は戦後においても党に政治的な損害を与えていた。一九四五年以降、党は転向を行わなかった書記長（徳田球一）を迎え入れ、戦前の過去を清算した。共産党が過去に取り組むことを望まないことは、党内の左派批判者たちによって繰り返し取り上げられる論点となった。一九五〇年代後半には既に、多く学生活動家は戦闘的な反帝国主義の方針を捨てた党に背を向けていた。この反共産党のグループは、「一九六八年」の学生抗議運動で大きな役割を果たした「新左翼」となった。一九五九年、歴史家の鶴見俊輔の監修の下、学生たちが研究・執筆を行った『共同研究　転向』が刊行された。鶴見は、転向を共産党員の改宗よりも広い現象と考えた。鶴見によって、政治の中で常に古典理論に忠実であった「旧左翼」がしばしば転向を働いていたことが明らかになった。

一九六〇年、日米安保条約に対する反対運動が行われた。吉本隆明のような新左翼の知識人は、当時、共産党と社会党の政策の拒絶を正当化するために「転向」現象を使用していた。吉本はすでに一九五八年に『転向論』において、共産主義者は近代のイデオロギー、すなわち彼らの思考の合理性と「純粋主義」の犠牲になったのだという見解を支持した。それゆえに、彼らは転向を逃れる方法がなかったのであり、徳田のように、転向を耐えた少数の「非転向者」でさえ、同じ理由で近代のイデオロギーの犠牲者であった、というのである。このように、「転向」は長い間、新左翼を共産党や社会党、それに近い労働組合から線引きする概念であった。

しかし、こうした政治的な線引きの試みは、歴史をあまりにも単純にしまう。本章で指摘したように、一九三八年頃の左翼社会主義活動家は逮捕される危険性が大きかった。一九三八年一二月の「人民戦線事件」の後、彼らが実際に逮捕されたとき、これらの活動家のほとんどは公に転向を行わなかった。これは彼らがすでに左翼の中で「野党」であったためだと考えられる。左翼社会主義はすでに共産党にも社会大衆党にも反対していたので、スターリンか昭和天皇のどちらかを選ぶ必要はなかった。彼らがラディカルであったのは、二つの前線の間を移動し、双方に攻撃されていたからである。その活動が、特に戦後の日本社会党の左派においてもラディカルであり続けたかどうかは、現時点では答えられない。

次に第六章「一九二〇／三〇年代　ドイツ小規模社会主義組織におけるラディカリズム──ＩＳＫとノイ・ベギネン

を中心に」（鈴木健雄）では、同時期のドイツの社会主義組織の事例を扱う。具体的には、第一次世界大戦後のヴァイマル共和国において、ドイツ社会民主党（ＳＰＤ）とドイツ共産党（ＫＰＤ）という二つの社会主義大規模政党の間に存在した、ＩＳＫ（国際社会主義闘争同盟）と「ノイ・ベギネン」（Neu Beginnen：新規蒔き直し）という二つの小規模社会主義組織の事例である。両者の事例を手掛かりとして、一九一八年の革命の混乱のさなか成立が宣言され、一九三三年にナチ政権によって暴力的に幕が下ろされた同共和国にあって、どのようなラディカリズムが現出したのかを検討する。

一九一八年一一月、第一次世界大戦は、ドイツを中心とする同盟国の敗北に終わった。同年春の西部戦線での大攻勢の失敗後、ドイツの敗色が濃厚となるなかにあって、一一月三日のキール軍港での水兵蜂起が成功したことを皮切りに、革命の波はドイツ全土に拡がる。同月九日ベルリンで革命が勃発、皇帝ヴィルヘルム二世は退位、オランダへと亡命する。代わって暫定政権を担うこととなったのがＳＰＤであった。翌年一月の国民議会選挙で同党は第一党となり、共和制を支持する中央党、民主党とともに連立政権（ヴァイマル連合）を構築する。その後、同党は官僚や軍隊、大資本家といった守旧派勢力とも協力しつつ、革命の終結とヴァイマル共和政の安定化を目指した。

第一次世界大戦以前、ＳＰＤは社会主義政党として世界最大の党員数を誇るとともに、社会主義運動の国際組織である第二インターナショナルでも盟主の役割を果たしていた。同党内部には、社会主義革命の勃発を自明視しつつ目下取り組むべき課題として党勢の拡大・維持を目指す勢力（マルクス主義中央派）もあれば、革命の実現可能性をもとより否定し、市場主義経済を容認した上でそこでの改良を目指す勢力（改良主義・修正主義勢力）もあり、また小規模ながら、直接行動による武装革命の早期実現を主張するグループも並存していた。このような多様な党内ではあったが、党幹部会の決定に党員は必ず従うという社会主義者鎮圧法時代以来の伝統のもと、党内規律は保たれていた。

その規律が崩れＳＰＤが分裂するきっかけとなったのが、第一次世界大戦の勃発と戦争協力問題であった。当初同党は、戦争が短期で終わるという楽観的見込みのもと、従来の国際協調主義・平和主義の立場に反して、開戦に賛成、戦争遂行に対する協力的態度を示した。しかし、その決定に対する異論は党内に根強く存在していた。開戦直後の一九一四年一二月には、戦時公債の追加発行の議会内決議に際して、同党最左派に位置していたカール・リープクネヒトが党幹部会の決定に反する形で反対票を投じる。これは同党の規律崩壊の象徴的出来事であった。その後、戦争継続に公然と反対する勢力は増え、一九一七年四月、フーゴ・ハーゼやエドゥアルト・ベルンシュタイン、カール・カウツキーら戦争継続反対派が、リープクネヒト、ローザ・ルクセンブルクが率いるスパルタクス団メンバーとともに独立社会民主党（USPD）を結成し、SPDは正式に分裂した。

このドイツ社会主義勢力の分裂に拍車をかけたのが、第一次世界大戦後の革命継続をめぐる問題である。一九一八年一一月以降、USPDが革命の継続と、軍や行政、経済の民主化ならびに大工業の社会化とを求めたのに対して、前述の通りSPDは革命の早期終結と体制の安定化を目指した。翌年一月、USPDの最左翼にあったスパルタクス団は独自の政党であるKPDを設立、その後、さらに分裂したUSPDの左派がKPDに、右派がSPDへと合流することで、SPDとKPDとがドイツの社会主義勢力を二分する構図が、ここに現出することになった。この構図は、一九三三年一月のヒトラー政権成立後、両党が非合法化されてのちの亡命期においても継続した。

ヴァイマル期を通してSPDが示した、妥協的態度、ブルジョワ政党や官僚・軍部との協力路線は、社会主義体制の実現を求める勢力からは「日和見主義的態度」と非難される。対してKPDは、一九一九年にコミンテルンに参加して以降、ソ連（一九二二年のソ連成立以前はソヴィエト・ロシア）の影響下に入り、度重なる党内での主導権争いを経て、一九二九年には党としての自立性を完全に失った。ソ連共産党の複製・付録に過ぎないものと目されるようになる。

この間に両党の内外には、両党の方針に対して異を唱える小規模社会主義勢力が成立する。そのうちの二つが、前述のISKとノイ・ベギネンである。本章で論ずるように、両組織が同時期、特にSPDに対して加えた批判は、大きくみるならば、同党がその前身政党であるドイツ社会主義労働者党以来抱えてきた、片や到達目標として社会主義革命を掲げつつ、片やその実現に向けた努力でなく社会の漸次的改良を目指すという矛盾に対する批判であり、ドイツの社会主義勢力の再構成を促すものであった。本章ではその批判の内実を明らかにするとともに、背景にどのような思想的文脈が存在していたのかを検討する。

第七章「「戦後派文学」にとっての「戦後理念」——佐々木基一と六〇年安保闘争」（坂堅太）では、六〇年安保闘争の思想史的意義について、「戦後」理念との関係から検討を試みる。戦後最大の大衆行動となった六〇年安保闘争は「戦後民主主義の到達点」とも称されているが、これを〈初発の戦後理念〉という視点から批判した佐々木基一の議論は、抵抗ラディカリズムという文脈で理解することができる。

一九四五年八月一四日、日本政府は連合国に対しポツダム宣言の受諾を通告し、翌一五日正午に流れた「玉音放送」により、一般国民にも敗戦の事実が告げられた。そして九月二日にはアメリカ軍の戦艦ミズーリ号上にて日本政府が降伏文書に調印したことで、アジア・太平洋戦争は終結し、日本は連合国による占領統治下に置かれることになった。一〇月三日、連合国は連合国軍最高司令官総司令部（GHQ／SCAP。以下、GHQとする）を設置し、以後はGHQが対日占領の基本方針を決定していく。

このように日本の「戦後」は連合軍の占領により始まったのだが、GHQは当初、ポツダム宣言の規定にもとづき、徹底した非軍事化と民主化を基本とする施策を実施していった。治安維持法の廃止と政治犯・思想犯の釈放を求めた「人権指令」や、五大改革指令と呼ばれる「婦人解放」「労働組合の奨励」「学校の民主化」「経済の民主化」「司法制度の民主化」が発令されたほか、農地改革や労働改革、財閥解体などの経済民主化政策も同時に進められ、旧来の政治・社会・経済体制を根底から改革する方針が次々と打ち出された。そしてこうした民主化改革の一つの到達点として考えられたのが、大日本帝国憲法にかわる新憲法の制定である。一九四六年二月、新憲法の原則として象徴天皇、戦争放棄、封建制廃止という、いわゆるマッカーサー三原則が提示され、同年一一月にはこれに基づいて作成された日本国憲法が公布された。

こうして民主化と非軍事化とを基本線とする対日占領政策のもと、日本の「戦後」は出発し、知識人の間では民主主義革命への期待が高まっていた。しかし、米ソの対立が決定的となり冷戦構造が深刻化していく中で占領政策の転換が生じたことにより、一九四〇年代後半には日本の「戦後」はその方向を大きく変えていく。公職追放処分の解除により戦前までの実力者たちが政財界に復帰していく一方、レッド・パージにより職場からは社会主義者たちが次々と放逐され、労働運動の沈静化と経営権の回復が進んでいく。また一九五〇年に朝鮮戦争が勃発すると、マッカーサーの指示によって警察予備隊が創設され、実質的な再軍備の第一歩となった。

これらの動きは当時「逆コース」と呼ばれたが、その背景には、日本をアジアにおける共産主義の防波堤とするアメリカの国際戦略が存在していた。そしてこうした状況のもとで、アメリカ主導による早期講和の動きが加速していく。講和のあり方を巡っては、自由主義諸国との講和を優先する片面講和論と、社会主義諸国とも講和すべきという全面講和論とが激しく衝突し、国内世論を二分する論争が起こっていた。論争の焦点となっていたのは独立回復後の日本の国際関係、つまり冷戦構造との向き合い方であり、西側諸国の一員となるのか、あるいは中立主義をとるのかが問われていた。結局日本政府は片面講和を選択し、一九五一年九月にサンフランシスコ講和条約が調印されたが、このとき同時に日米安全保障条約が調印され、独立後も日本国内にアメリカ軍が駐留することが認められた。講和条約は翌五二年四月に発効し、約八年間に及ぶ占領は終結したが、独立という再出発を果たした日本の「戦後」は、占領当初に想定されていた姿とは大きく異なるものでもあった。

そして一九五〇年代半ばから始まった高度経済成長により生活水準が向上していくなかで、多くの人々は冷戦体制下での安定した「戦後」を肯定的に受け止めていった。こうして「混乱と改革の時代」である「第一の戦後」から「安定と成長の時代」である「第二の戦後」へという転換（小熊英二）が進行しつつあったなかで生じたのが、一九六〇年の安保闘争だった。既成政党による動員ではなく大衆の自発的な政治参加により支えられたこの闘争は、自由や民主主義といった「戦後」的価値観の定着を示すものとも評されるが、では、そこで試されていた「戦後」とは、「逆コース」以前に構想されていた〈初発の戦後理念〉とどのような関係にあったのか。

こうした問題関心のもと、第七章では、冷戦体制下での安定を選択した独立回復後の日本の「戦後」に対し、絶えず対決し続けた戦後アヴァンギャルド作家たちの言説に着目する。特に六〇年安保闘争後の佐々木基一の議論のなかに、〈初発の戦後理念〉のラディカルな実践の姿勢を見出し、その意義を検討したい。

以上のように、「ラディカリズム」という視点で個別具体的な対象を分析していく視点は、新たな視点を与えてくれる可能性がある。現実に何が起こったのか、主たるもの、あるいは主になりうるものに対する反抗という運動自体、一九世紀や二〇世紀に限定されず、多くの場で共通性を見出しうる。本書が「ラディカリズム」という極めて対象領域の広い問題を分析するうえで、どのような可能性を示しうるのかという試金石となれば幸いである。

中島浩貴

＊各章の概要は基本的に各執筆者による。

第一部　「対抗ラディカリズム」

第一章　三王国戦争期イングランド王党派ネイション概念とラディカルな契機

——『月面の男』を手掛かりに

小島　望

1　問題の所在

イングランド内戦とナショナリズム研究

本章では、一六四九年から一六五〇年にかけて発行された王党派の媒体『月面の男（*Man in the Moon*）』における言説を手がかりに、王党派におけるラディカリズムとネイション概念との接続関係の断面を提示したい。[1]

一六三八年から一六五一年にかけてブリテンを覆った一連の政治的動乱は、三王国戦争として知られる。[2]当時イングランド、スコットランド、アイルランドの三王国は、スチュアート朝を頂点とする同君連合を形成していた。一六三八年、チャールズ一世によるスコットランド教会での祈祷書の強制に際し、これに反発する勢力は国民契約（national covenant）を締結し、翌一六三九年から一六四〇年にかけて国王軍との間に二度の交戦を経（主教戦争）、いずれにおいても勝利を得た。イングランドでは戦費徴収を図るため一一年ぶりに議会が招集される（短期議会）。これはチャールズ一世との対立のためにすぐさま解散を余儀なくされるが、スコットランド側への賠償金を捻出する必要に迫られた国王は、再び議会を招集する（長期議会）。長期議会はチャールズ一世による統治の弊害を除くため、商品独占問題や司法、さらには国教会に関する改革を志向した。しかしながら、アイルランドで蜂起したカトリック勢力とチャールズ一世の共謀の噂の流布、国王の暴政を人民に訴える「大抗議文」採択、軍事指揮権をめぐる議会と国王との対立が相次ぎ事態は次第に緊迫、ついに一六四二年八月、議会と国王及び彼を支持する王党派との間に、内戦が生じた。いわゆる、第一次イングランド内戦である。一六四三年末にスコットランドとの同盟を締結した議会派は有利となり、一六四六年春、議会派は勝利を収め、スコットランド軍に投降したチャールズ一世は、議会派に身柄を引き渡された。内戦終結後の統治あるいは政体を巡る問題は、教会改革を焦点とした教派間の対立とも相俟って、次第に議会派内部に対立を惹起した。これを機にチャールズ一世は反撃に出、一六四八年にはイングランド及びウェールズで王党派が蜂起し、同時にスコットランドの実権を掌握した「約定派」の軍勢が南進する。議会軍はこれを撃破し、いわゆる第二次イングランド内戦は即座に終結した。かかる事態を受け、政治の主導権を確保したクロムウェルらが中心を務め、軍を基盤とする独立派は、翌一六四九年にチャールズ一世処刑を断行した。かくして、イングランドは共和国たることを宣言し、アイルランドのカトリック勢力を制圧し、チャールズ一世の息子、チャールズ二世を迎え入れたスコットランドとの二度にわたる戦いに勝利を得、一六五一年にブリテンは一応の安定を見るのである。(3)

この時期のイングランドに関して特徴的であるのは、とりわけ第一次内戦後に政治思想史上特筆すべき様々な思想潮流が出現した点である。その例として、旧来の政治社会はすでに解体してしまっており、今や自然状態へと回帰したイングランドにおいて、人民の自然権に由来する新たな政体を創出すべしと主張したレヴェラーズ（水平派）(4)が挙げられよう。(5)あるいは、人間の生活様式の変革と、土地の所有を巡る社会再編を希求したディガーズも挙げられよう。より宗教的な党派としては、旧約聖書の記述に基づいた神の国の到来の預言を信奉し、一六六〇年の王政復古に際して武装蜂起を断行した第五王国派が数えられる。(6)これら諸党派の目標は多様かつ多次元横断的であり、安易な思想的一元化はもとより不可能であろう。しかしながら、彼らはその具体的主張を異にしつつも、既成の政治的宗教的枠組みが弛緩した状況に直面し、急進的変革を志向した点において、一様にラディカルであった。

かかる思想的状況との関連において看過されてはならない事象が、この時期のイングランドにおけるナショナルな言説である。ナショナリズムの史的形成を論じた諸々の研究において、一六世紀から一七世紀にかけてのイングランドにナショナリズムの初期的形態を見出そうとする論考はこれまでに数多く著されてきた。(7)とはいえ、第一次イングランド内戦に前後する時期を対象とした研究の特徴は、王政というイングランド政治社会の最も重要な柱がチャールズ一世とともに崩壊し、ネイションがいわば自律的存在であることを余儀なくされた点に着目することである。つまり、旧来のイングランド社会において政治的正統性の主要な源泉であった王政の消滅によって、それに相対するネイションの政治的権威の強化に帰結した点が重要視されているのである。リーア・グリーンフェルドは、先に言及したレヴェラーズや、ディガーズの中心人物ジェラルド・ウィンスタンリ、さらにはクロムウェルやミルトンらの言説を引きながら、[8]この時期のイングランドにおけるネイションという語が、その指示対象を階層的に拡大し、[9]同時に「政治参加の権利に関する事柄[10]」を意味する「自由」とネイション概念の連関、あるいはネイションを「主要な忠誠の対象[11]」とする視座が定着したと主張する。彼女はこの時期に、「主権を備えた人々（sovereign people）[12]」と等置されるネイション概念の定着を見る。同じくナショナリズム研究で知られるジョン・ブルイリは、ナショナリズムの初期的形態がこの時期のイングランドに見出されるとし、その傍証として、内戦以前には政治過程より除外されていた層の人々をも政治主体として包摂するネイション概念が成立したと指摘する。[13]もっとも、グリーンフェルドがそうしたネイション概念の様態の意義を強調する一方で、ブルイリはネイション概念のそうしたあり方はあまりにも早熟であり、それはあくまで例外的事象であったと解釈するに留まる。[14]

両者の見方はイングランド内戦期のネイション概念の意義を巡ってかく異なるのであるが、双方が当時のネイション概念の変貌とラディカルな諸派の台頭をもたらした時代状況との連関に着目する点は看過されてはならない。[15]グリーンフェルドがレヴェラーズやディガーズらのネイション言説を根拠としたことは既述の通りであるが、ブルイリもまた、政治的主体性を備え、幅広い階層をも包摂したネイション概念を奉掲した勢力――恐らくレヴェラーズらが念頭に置かれている――による、失敗に終わった「ラディカルな挑戦（the radical challenges）[16]」に焦点を当て、そうした状況が醸成された背景に、内戦によってもたらされた、社会全般に及ぶ「ラディカリズムを助長する効果（radicalizing effect）[17]」を見ているからである。ラディカリズムをもたらした当時の史的状況が、イングランドにおけるネイション概念のあり方と密接に関連していたとする点で、二人の見解は一致を示すのである。

しかしながら、この点に関して今一つ、問題を提起したい。それは、グリーンフェルドらがレヴェラーズやディガーズといったラディカルな党派や、より保守的なクロムウェルらの言説におけるネイション概念に注目する一方で、同時期の王党派のそれを等閑に付す点である。なるほど、旧来の政治秩序の象徴と言うべき王政を奉じた王党派と、ラディカルな諸派が前提したネイション概念のあり方には、一見すると隔絶が潜んでいるのかもしれない。しかしながら、王党派のネイション概念は、果たして当時の「ラディカリズムを助長する効果」と無縁だったのだろうか。ジェイソン・ピーシーによれば、一六四〇年代後半の王党派系言説において、議会による公衆に対する説明責任(accountability)や議会改革の要求が提起されたという。[18] 彼はここに、当時のイングランドにおけるラディカリズムが、いわゆるホイッグ史観的な意味での「進歩」的潮流に限定されたものではなかった可能性を提起している。そうであるのならば、そこには王党派的なラディカリズムとネイション概念との関係性も見出されるのではないか。それは、当時の史的状況によって可能となったラディカリズムとネイション概念の王党派的接続のあり方を浮き彫りにするのではないか。本章の目的は、これらの問いへの回答を提示することにある。

先行研究と分析対象

近年の王党派研究の高まりにもかかわらず、[19] 彼らのネイション概念あるいはそれを踏まえた言説は十分に検討されたとは言い難い。数少ない例外として挙げるべきは、ジェローム・デ・グロートの研究である。彼は王党派におけるネイションを、伝統的法制度に立脚し、国王をその頂点に戴く臣民より成る階層的政治共同体を意味する概念として把握している。彼によれば、臣民はその内部において一定の「権利と自由」[20] を享受しつつ、その具体的内容は常に階層上位者に規定されることが前提とされていた。議会派の存在は、このような「固定された階層とネイションという空間」[21] を損なうものとして王党派の政治観において認識されていたと彼は指摘する。

他方、マーク・ストイルはスコットランドとの関係からこの時期の王党派のナショナルな言説の意義に迫る。彼は、一六四四年に始まるスコットランド軍による議会派の側に立ったイングランド侵攻と、それに伴って一部のイングランド人の間で生起した反スコットランド感情の存在を奇貨として、王党派が自らをスコットランドの侵略からイングランドを解放する主体として位置付けるプロパガンダを展開したと指摘する。[22] こうした文脈の下で、「外敵」をイングランドに招来した議会派は「最悪の裏切り者（traitors of the deepest dye）」[23]として非難され、チャールズ一世は「スコットランドの侵略に抗うイングランド・ネイションの擁護者」[24]として賞賛されたという。

両者の所説は、王党派の政治認識におけるネイションの受動的側面を強調するものであると言える。両者の見解において、王党派は議会派をネイションの破壊者あるいは第五列として描出することで、自らの政治的正当性を強調したことが強く示唆されていよう。そうした言説の背後に、ネイション概念を政治的正当性の源泉とする発想が伏在することは言うまでもない。ここには、グリーンフェルドが内戦期に見出す、擁護や忠誠の対象としてのネイション概念のあり方と接近する側面が見て取れる。[25]とはいえ、ネイション概念に備わる客体としての側面のみに着眼する彼らの見解は、その動的側面を等閑視するものであり、ラディカルな党派のネイション概念の様態との隔絶を意図せずして示している。この点を踏まえ、王党派の言説におけるネイション概念のアクティヴな側面を検討する上での興味深い媒体が、『月面の男』である。

『月面の男』は、ロンドンの出版業者ジョン・クローチが発行したニュースブック[26]であり、一度の中断を挟みつつ[27]、一六四九年四月から翌一六五〇年六月にかけて発行された。第一次内戦中に発行されていた代表的な王党派系ニュースブックである『マーキュリアス・アウリカス（Mercurius Aulicus）[28]』とは対照的に、『月面の男』を含むこの時期の王党派系媒体は、国内外の旧王党派残党の統制下にあるプロパガンダ媒体というよりも、王党派的志向を備えた出版業者らが自発的に構築したアンダーグラウンドな出版と流通のネットワークの産物としての性格が強いとされている。[29]同紙の特徴として挙げるべきは、卑猥な表現を用いた政府の要人への攻撃である。具体的には、クロムウェルが姉妹と同衾している、議会軍のフェアファックス将軍が自らの妻を寝取られることを喜んでいるといった記述である。[30]諧謔と中傷に富んだこうした記述は、イングランドにおいて新たに権力を掌握しつつあった共和国政府の要人らを笑いの対象とし、「人々の間に畏怖あるいは尊敬を産み出す彼らの能力を損なうよう計画された」[31]風刺であった。[32]さらに、共和国政府によるピューリタン的価値観に基づいた統治が行われた時期に発行されたことから、共和国政府の厳格な道徳政策に対する民衆の素朴な反発心に訴えることを意図していたことが先行研究によって指摘されている。[33]

『月面の男』における民衆的内容から窺えるように、同紙の言説の共有者として想定されていたのは、ハイ・ポリティクスとは比較的縁の薄い層であったとされている。デヴィッド・アンダーダウンは、『月面の男』の紙面に見える民衆的な言葉遣いや安価な値段を根拠として、同紙のターゲットがロンドンのジャーニーマンや徒弟であったと推定している。[35]マケリゴットは、一六四九年から一六五〇年にかけて発行された、同紙を含む王党派系媒体の主な対象が「上流とミドリング・ソートに属するロンドン居住者」[36]であるとする一方、平易な英語から成る文章には、「より低い社会階層」[37]の人々へのアピールとしての性格が見て取れるとも主張する。[38]

本章の課題を鑑みて興味深い指摘が、『月面の男』について提起されている。キャロライン・ボズウェルによれば、クローチは同紙において共和国政府の政策に対して批判的なロンドンの民衆と共和国兵士との衝突にしばしば言及し、前者の「草の根的抵抗（grassroots resistance）」[39]を賛美し、かつそれを王党派の大義と結びつけていたという。[40]かかる民衆的反抗がこの時期の王党派系の媒体におけるナラティヴにおいて肯定的に描写されていた事実は、王党派の言説内の「徒弟と社会の下位的構成員たちの政治的動きの称賛と促進」[41]に帰結したとボズウェルは見る。同様に、アンダーダウンも『月面の男』に、民衆による政治への主体的関与を前提とした認識を看取する。彼によれば、同紙の言説の基調を成すのは国王弑逆《しいぎゃく》とそれに続く共和国の樹立に代表される政治的あるいは社会的既成秩序の覆滅であり、アンダーダウンはそうした文脈の下に、同紙に描かれた共和国幹部らの性的逸脱にまつわるナラティヴを位置づけている。[42]こうした混沌の中で、クローチは正統な国王による統治の復活を祈願し、かつ『月面の男』の言説の共有者たちに対して、内戦以前のイングランド社会を奪還すべく決起するよう促していたとの解釈をアンダーダウンは示す。[43]

彼らの見解は、『月面の男』に展開されたナラティヴにおける動的性格を強調するものと言えよう。すなわち、彼らは王政への回帰を人々あるいは言説の共有者に求める語りの存在を指摘しているのだ。かかる動的側面において、同紙の言説におけるネイション概念に対する「ラディカリズムを助長する効果」の影響のあり様を検討したい。

2　『月面の男』におけるネイション概念

「ネイション」の構成主体

本項では、『月面の男』の記述に見出されるネイション概念に含まれる対象を浮き彫りとしたい。ネイション概念の包摂する階層を巡る議論は、ネイション、ナショナリズムの史的形成をめぐる議論における重要な争点の一つである。通説に従うならば、フランス革命以前のネイションは身分制議会への参加に代表される政治特権を保有する集団を意味する概念（いわゆる「政治国民」）であり[44]、身分的社会構造の所産とも言うべき存在であった。ネイション概念のかかるあり方はフランス革命の到来によって変質を迫られ、包摂対象を下方へと伸長させると共に[45]、その編成原理は身分から文化的帰属へと変化した[46]。かかる見方に対して、一部の研究者は、一八世紀末以前においてもネイション概念は文化的要素を基軸としていたとし、その包摂対象の広さを指摘している[47]。近代以前のイングランドにおけるネイション概念に含まれる対象を巡っては、先述のようにグリーンフェルドらがその広がりを示唆する一方、マイケル・マンはその階層的限定性を訴えている[48]。近代以前のネイション概念のあり方を巡って合意が存在しないことを勘案すれば、『月面の男』の紙面に見えるネイションという語の意味した社会階層を可能な限り明確にすることが求められよう。

同紙におけるネイション概念のあり方を伝える記述が、一六四九年八月発行の第一七号に見出される。チャールズ一世の処刑を嘆く記述に続き、クローチは次のような不満を吐露する。

イングランド・ネイションは、かつて全てのネイションから、その君主への忠誠心のおかげで賞賛を浴びたものだった〔傍点は筆者：以下同〕。しかし今や、他のいかなる人々よりも憎まれ、嘲られている。イングランド人

(an English-man) は、「お前も国王殺しの一人だ」とその名声を傷つけられ、怒鳴られ、悪漢であると嘲られるのを恐れ、外国の岸辺にその姿を現すことはほとんどない。(49)

ここで、「イングランド・ネイション」が複数扱いの名詞であり、また忠誠心を有する（した）主体であるとの記述に鑑みるに、人間集団としての側面を強調されたものである事実に注意が必要である。そのため、右記引用における「イングランド人」は、明らかに「イングランド・ネイション」を構成する主体として前提されているものであると推定できる。つまり、クローチの記述における「ネイション」は、基本的には「イングランド人」から構成される集団あるいは共同体を意味するものである蓋然性が高い。(50)

では、同紙のナラティヴにおいて「ネイション」を構成する「イングランド人」は具体的にいかなる人々を指示しているのか。この点に関して最も示唆的な記述が、一六四九年一一月発行の『月面の男』第二九号に見られる。同号の記事中で、クローチはクロムウェル一派が「約定（Engagement）(51)」の制定を画策していると指摘した上で、次のように述べる。

それは彼ら〔クロムウェル一派〕が生命と財産の没収に基づいて、この国に暮らす全ての人々によって署名されることを命じたものだ。これぞ、イングランド人にとっての自由、新たなる自由である！(52)

クロムウェルらが脅迫によって「この国に暮らす全ての人々」に強制する「約定」への署名が「イングランド人にとっての自由」であるとの皮肉交じりの記述は、「この国に暮らす全ての人々」が「イングランド人」に等置される存在であるとの前提を伝える。実際に同年一一月には全成人男子に「約定」の署名を課すことが決定されており、(53)他のニュースブックでも、「このネイションの全ての人々（all the people of this Nation）(54)」による署名を担当する委員会の設置が一一月九日付の記事で報じられている。クローチも他のニュースブックの編集者らと同様、こうした動きを掴んでいたのだろう。(55)『月面の男』の言説において、「ネイション」が「イングランド人」によって構成される集団を意味し、かつ「イングランド人」が「この国に暮らす全ての人々」に等置される事実は、結果として同紙に見える「ネイション」の指示対象の広さを示唆するものと言えよう。この点をより明確にするため、一六四九年四月発行の同紙第三号の記述を確認したい。同号の紙面には、共和国政府によって抑圧を被るイングランドの人々が耳目を集めるべきであるとの言に続き、次の記述が見える。

それによって彼ら〔政府〕は追い散らされるだろうし、彼らが我々にもたらした災厄がすぐに取り除かれるであろうから。（神が御禁じなられたことだが）彼らが一年でも現在の地位に留まれば、我々が破滅することになるだけでなく、彼らの暴君的かつ非難された反逆のために、全ての災いが神によってこのネイションにもたらされるのだから。自由を要求する彼らの主張、我々の新しい自由は、それぞれ最悪の種類の奴隷制と束縛となった。〔……〕我々は、永遠に奴隷、物乞いになったのである。(56)

クロムウェルらの暴政と、彼らが主導した国王弑逆によって、「ネイション」に神罰が下るとの認識が開陳されている。注意すべきは、罰がもたらされる「ネイション」と、共和国政府による暴政的統治（とクローチが見なすもの）を受忍する「我々」が重ね合わされている点であろう。つまり、右記引用において、クローチは『月面の男』の言説の共有者（「我ら」）が「ネイション」を構成するとの前提を踏まえている可能性が示唆されているのである。同紙の言説の対象者として、ジャーニーマンや徒弟といったミドリング・ソートの末端を挙げるアンダーダウン、あるいはそれ以下の階層に属する人々へのアピールをも見出すマケリゴットらの見方を踏まえれば、ここで「我々」――すなわち「ネイション」――の構成員の下限として想定されているのは、ミドリング・ソートの末端とそれ以下の階梯に属する層であると考えることができよう。つまり、『月面の男』におけるネイションという語の指し示す対象には、比較的低い階層の人々も含まれていたのである。

客体としての「ネイション」？

前項では、「イングランド人」や「ネイション」がクロムウェルらの統治によって辛酸を舐めているとの記述に触れた。言うまでもなく、そうしたナラティヴが展開された意図は、両者の対立関係を言説の前面に押出し、後者の邪悪なることを強調することにあった。こうした言説の例として、先に取り上げた『月面の男』第一七号における別の記述を確認する。同号では、軍幹部らが「国王、貴族、ジェントリ、平民[57]」らの生命と財産を強奪しようと画策しているとの非難の後に、その悪行のために「神を放棄した者たち（共和国政府の要人ら）[58]」が神について語ることに意味はないとの皮肉交じりの指摘がなされる。注目すべきは、これらの記述に続く次の詩における表現である。

> おお、諸ネイションにとっての災いよ（plagues to Nations）／この地全土（all the Land）にとっての恥よ／崩れ落ちよ／汝らが罪と共に／徳高きチャールズの統治あれ／崩れ落ちよ／汝らコラにしてアカンよ[59]／傲慢の子らよ／而して汝らの所業たる国王殺しの責に答えよ[59]

この詩においては、共和国政府による統治の終焉が祈願されると同時に、彼らが「ネイション」に害を及ぼす主体であるとの認識が端的に提示されている。この詩の直前に共和国政府によるアイルランド、スコットランドへの軍事的侵攻の可能性が示唆されていることから、右記引用における「諸ネイション」はブリテンを構成するイングランド、スコットランド、アイルランドの三ネイションを意味すると考えられる。「災い」たる共和国政府と、イングランドの「ネイション」を含めた三つの「ネイション」との敵対関係を強調する目的は、後者を解放する主体としてチャールズ二世を称賛することであった。こうした認識は、「ネイション」に害を為す側の悪、それに貢献する側の正義を前提する。そこには、グリーンフェルドがこの時期のネイション概念のあり方に看取した、「主要な忠誠の対象」としての側面が示唆されていると言えよう。別言すれば、『月面の男』における「ネイション」は、その名の下に活動するアクターに正当性を付与する、倫理的源泉の一つとして機能していたのである。

しかしながら、『月面の男』の言説における「ネイション」は、共和国政府の暴政を被る「被害者」としてのみ描かれていたのだろうか。実のところ、同紙における「ネイション」を巡るナラティヴは、ある種の二重性を帯びている。同じ第一七号において、「イングランド・ネイション」による国王弑逆が非難される一方、チャールズ二世による「ネイション」の「災い」からの救済が祈願された事実は示唆深い。この点をより詳細に検討するため、一六五〇年五月発行の同紙第五五号の記述を確認したい。同号で注目すべきは、ほぼ一頁にも及ぶ詩である。「来たれ我が太陽よ／汝が月は汝より輝く／汝なかりせば／夜に輝くこと能わず(61)」との文言より詩は始まる。ここでの「我が太陽」とは、チャールズ二世と彼によって象徴される王政を指す。「汝が月」とは、王党派の大義に貢献する『月面の男』を暗示すると思われる。イングランドの君臣関係を天体の比喩で表現する点が、この詩の特徴である。右に述べた文言に続き、イングランド人を意味すると思われる「真なる心(62)」がチャールズ二世への義務を自覚することが願われ(63)、次の記述が見える。

されどかつて全ての臣民は知る／いかなる泉より／その弱き光が生まれたのかを／天は一つの太陽を／数多の星を創り給う／しかし幾多の星々は／太陽に戦を宣することはなし(64)

「太陽」と「星々」は、それぞれ国王とイングランドの臣民の隠喩であろう。前者の威光によって後者が輝き、かつ「全ての臣民」はその事実を認識しているとの記述から、イングランドの臣民と国王との間の理想的な君臣関係がここに描かれていると言ってよい。かかる状態からの逸脱が次のように表現されている。

遠からぬ日／我らは仕えき／唯一なる神／国王／教会に／されど今あるは／反逆と／血と／傷に満ちた国家なり／軍は愚か者と悪漢で繕いをし／我らは転じる／他に類なき奴隷へと／我らイングランド人は何たるか？（What are wee English?）／ああ、呪われしカインの恐るべき殺人者の種を継ぐ正統ならざる者たちよ／汝〔チャールズ二世〕が神に賜わりし力を避け／地獄の力にこうべを垂れる者たちよ(65)

ここで描かれているのは、国王を頂点に戴くイングランド社会の崩壊、国王弑逆、そして「イングランド人」の奴隷化である。国王処刑に代表される既存の政治秩序の転覆と並び、彼らの自由あるいは権利の抑圧が、「正統ならざる者たち」、すなわち共和国政府幹部らの政治的正当性を貶める上で強調されている事実に注目するべきである。この引用に続き、「反逆者(66)」（共和国政府幹部ら）に抗する「王たるチャールズ(67)」の到来が祈願される。

この詩には、先に見た『月面の男』第一七号におけるナラティヴと同様の構造が見出されよう。第一に、先述のように「イングランド人」に害を為す共和国に正当性なしとする認識が読み取れる点において、先に見た記述との共通性が示唆されている。そこには、「ネイション」（あるいはそれを構成する「イングランド人」）を擁護の対象とする認識が伏在していると考えられる。しかしながら同時に、「希望と恐れの間(68)」に動揺する臣民が王政への忠誠の表明を躊躇する様に言が及ぶなど(69)、「イングランド人」が一時的に忠誠心を放棄したことが暗に批判されている。つまり、この詩における「イングランド人」は、共和国の暴虐に苦しむ「被害者」であると同時に、国王への忠誠を放棄した、言わば「加害者」でもある。とりわけこの後者の側面にこそ、ラディカリズムをもたらした時代状況とネイション概念との王党派的接続のあり方がより一層明確になる。項を改め、この点を確認することとしたい。

「ネイション」と忠誠

実のところ、「ネイション」あるいは「イングランド人」がチャールズ一世ないしは彼によって象徴される王政への忠誠を放棄したとの主張は、『月面の男』の記述において繰り返し展開された定型的表現であった。以下に見るように、そうしたナラティヴは同紙の言説を形作る前提として機能しているのである。

一六四九年八月発行の『月面の男』第一五号では、「イングランド人」の「不忠」を嘆くかのような記述が存在する。この時期、チャールズ二世はスコットランドと協定を結び、スコットランド王位継承が現実のものとなりつつあった。こうした状況を言祝《ことほ》ぐクローチは、「大ブリテンの若き王〔チャールズ二世〕はどこに行こうとも、キリスト教圏全体の皇帝（Emperor of Christendom）であるかのように賞賛されている[70]」と述べ、以下の記述を続ける。

〔フランス王は〕一万の兵士を派遣し、彼らに向こう二年間の賃金を支払われる。それに加えて一万ポンドの現金を提供される。オルレアン公、ノルマンディー公、並びにコンデ公は五千ポンドを。デンマーク王は一万の兵士と二万ポンドを提供される。スウェーデン女王は一万の兵士と二万ポンドを。オランダの諸州は、人員と食糧を満載した五十艘の船を一年間提供する。ポーランド王は五千の兵士を送ってくださり、三年間分の賃金を払われる。スペイン王は一万丁のピストルを提供される。自分たちの君主にして正統なる君主に対する親愛の念と生まれつきの愛情をもはや持たず、自分たちがこしらえた二、三の黄金の牛を崇め奉りながら、殿下を外国人たちの貢献競争にさらすとは、イングランド人にとって何という恥であろう[71]！

チャールズ二世へ並々ならぬ支援を申し出るヨーロッパ諸国の君主らと、自分たちの君主への忠誠心を忘れた「イングランド人」たちとの対照性が、引用では強調されている。クローチが報じる各国君主によるチャールズ二世への支援が客観的実態を表しているか否かは、ここでは問題ではない。真に重要であるのは、「外国人たちの貢献競争」が行われる一方で、「イングランド人」が「自分たちがこしらえた二、三の黄金の牛」、すなわち、イングランドの統治者を僭称する共和国の幹部たちを崇め奉り、真に正統なる君主への忠誠心という「生まれつきの愛情」を放棄してしまっている――「不忠」の「罪」を負っている――とのクローチの認識である。

「ネイション」の「不忠」という「罪」のみならず、それに応じた「罰」が「ネイション」全体、すなわち「イングランド人」の総員に下ることを警告する記述もまた見出される。一六五〇年六月に発行された『月面の男』の最終号における次の表現は、この点を端的に提示する。

> 今や、一つ、二つ、三つならず、多くのネイションが迫りつつある。全てが、この不信心にして害悪を振りまくネイションに対抗しつつあるのだ。かつてこのネイションは、誤った行為を行ったのだ。主は、御自身の聖別された者〔チャールズ一世〕の流血を辿り、審問を始められようとしているのだ。[72]

ここで述べられるイングランドに迫りつつある他の「ネイション」という脅威は、クローチが想定するイングランドの「ネイション」に対する神の「罰」を具体的に表現したものである。[73] イングランドの「ネイション」が「不信心にして害悪をまきちらす」との表現から、彼が自らの属する「ネイション」に対して極めて厳しい評価を下していることが窺えよう。当然それは、「ネイション」が総体的に国王弑逆の責任を負うているとの認識を前提するものである。これらの記述は、いずれも「ネイション」ないしは「イングランド人」全体の「不忠」を強調するものである。そこには、「ネイション」とそれを構成する「イングランド人」が総体として国王殺しの暴挙に出たことへの嘆きと怒りが前面に展開されている。では、『月面の男』における「ネイション」またはそれを構成する「イングランド人」はその全成員が不可逆的な「不忠」と「罪」を背負った存在であるのだろうか。一六五〇年五月発行の五三号の記事においては、些か異なった論調が見られる。同号では、チャールズ二世によるイングランドへの帰還と、それによってもたらされる旧来の政治秩序への回帰こそが平和を確立する条件であるとの主張に続き、次の見解が提示される。

（神がその無限のお慈悲によってそうなることを禁じられているが、万一我々の国王が権利を回復し損なったら）世界の全てのネイション（all Nations in the Worlds）は一人の人間のごとく立ち上がり、反逆的であること甚だしく、かついかなる邪な企み以上に悪辣なことに、かくも善良な国王と、聖俗両界において満ち足りかつ幸福な統治が行われること世界に並ぶもののない幸せなかつ繁栄した国（Country）を滅ぼした我らを叩き潰そうとするだろう。(74)

この一文に続き、かかる脅威が現実のものとなる前に、「我ら自身で」(75)チャールズ一世処刑を実行した上でイングランドを統治する共和国幹部らを権力の座より引きずり落とさなければならないとの主張が為される。ここで第一に注目するべきは、「我ら」、すなわち『月面の男』の言説の共有者らが、国王の処刑と共和国樹立に責任を負う立場にあるとの前提である。これは、先に確認した引用における不実なる「ネイション」あるいは「イングランド人」は、実に彼らを意味する可能性を示するものであると同時に、同紙における「ネイション」の指示対象の階層的幅広さの傍証と言えよう。第二に、一方で彼らは国王の死に責任を負う存在でありながら、他方でイングランドに迫る他の「ネイション」による報復を免れるべく、王政復活のために起義する責任を負うた存在として前提されている点である。つまり同紙の言説の共有者（＝「ネイション」あるいは「イングランド人」）は、自らの決定に依拠してクロムウェルらを打倒し、チャールズ二世による王政復古に貢献しうる主体性を帯びた存在として前提されているのである。

同様の解釈は、一六四九年八月に発行された同紙第一五号の記述からも導出できよう。これまでにも確認してきたように、『月面の男』では詩が掲載されることがままあり、同号の表紙に掲載されたものには、次の記述が見える。

国王チャールズは友と資金を見つけられ／陛下が大義は正義にかなう／フェアファックスとクロムウェルは首を吊ることとなろう／兵士たちの信頼を無くしたがゆえに／立て、イングランド人よ立ち上がれ／時は至りぬ／ジュピターの復讐は今ぞ／いざ戦わん／この地を滅ぼし／汝らが惨禍を招きし者たちと(76)

ここで、クローチが「イングランド人」に対して「惨禍を招きし者たち」、すなわちクロムウェルらとの闘争に決起せよと促そうとしていることが窺える。クローチは、「イングランド人」の全体が「不忠」を犯し、かつそれに由来する「罰」を受ける存在であるとの認識を抱き続けつつ、彼らが新たなる国王たるべきチャールズ二世への支持という形で、かつての「忠誠」へと回帰することを祈願する記述を同時に展開していたのである。(77)

クローチは、「ネイション」とそれを構成する「イングランド人」の全体が等しく国王殺しという名の「不忠」と「罪」を背負っているとの理解を踏まえつつ、同時に彼らが一様にかつての政治秩序へ回帰することを求めていた。こうしたナラティヴは、『月面の男』において「ネイション」、「イングランド人」を政治的主体として前提する理解が検出されることを示唆するものであると言える。イングランドにおける既存の政治社会の転覆を図る者たちの所業を黙認したことを咎められ、王政への回帰を目指すことによってそうした過去の過ちを濯ぐことを、彼らは期待されていた。そこには、彼らを政治的意思決定の担い手とする認識が伏在していたのである。

結論

これまでの検討を踏まえて、『月面の男』におけるネイション概念のあり方とその意義について述べたい。同紙の記述における「ネイション」あるいはそれを構成する「イングランド人」は、ミドリング・ソートの末端ないしはそれ以下の階層をも包摂する概念であった。そこには、グリーンフェルドが示唆した、内戦に前後する時期の言説におけるネイション概念の包摂対象の広さが読み取れよう。そうした広範な社会階層に属する人々を含む「ネイション」あるいはそれを構成する「イングランド人」は、政治的正当性の源泉の一つとして言説上で機能していた。共和国政府の「暴政」に苦しむ「ネイション」の姿が描出される一方で、チャールズ二世と彼の存在が象徴する、今はなき王政によって彼らが救済されるとのナラティヴが、『月面の男』に展開された。こうした言説の存在は、「ネイション」に害を為す側を否定し、それに善をもたらす側に政治的倫理性を認める前提抜きには説明し得ない。そこには、擁護や忠誠の対象としてのネイション概念の存在が示唆されていると言えよう。

しかしながら、『月面の男』の記述における「ネイション」あるいは「イングランド人」は、単なる客体では決してない。クローチは自国の「ネイション」が国王弑逆に重大な責任を負うているとの認識を有していた。なるほど、実際に国王弑逆に邁進したのは内戦時の議会派幹部であり、共和国の要人らである。しかしながら、程度の差こそあれ、「ネイション」はそうした所業を止めることなく、それを黙許してしまった。別言すれば、彼らがそうした態度を取っていたが故に、国王の処刑と共和国創設という、既存の政治秩序の転覆が実現してしまったとのロジックが示されている。そうした過ちの結果として、彼らは共和国政府の軛《くびき》に置かれ、辛酸を舐めることとなった。かかる状況を「ネイション」が脱しうるのは、イングランドのあるべき政体と王統への忠誠を回復すること——贖罪——を通じてである。この論理において「ネイション」は、政体的変更に際して自らの意思に基づいた判断を下す主体として想定されており、社会下層への包摂性を伴った「ネイション」が、国王の処刑と政体の改廃といった高度な政治決定に携わるとの理解を、クローチは暗黙の裡に議論の前提としている。その上で、彼は言説の共有者を指示対象とする「ネイション」を、王政の復活というプロジェクトに動員するよう図っていたのである。けれども、そうした試みは極めてラディカルな営為であった。なぜならば、「政治国民」の末端あるいはそれ以下の階層をすらも指示対象の内部に含む「ネイション」あるいは「イングランド人」の意思に依拠して復活が目指される旧来の王政は、そうした集団による政体変革への参画を原理的には否定するはずだからである。彼らの関与によってその行く末が左右されることを拒否する、まさにその体制の復活のために貢献する、広い社会階層を意味する「ネイション」と「イングランド人」。こうした逆説と結びついたナラティヴを紡いだ『月面の男』の記述から導き出されるネイション概念のあり様は、実にレヴェラーズに代表されるラディカルな党派と異なる道を歩みつつ、しかしながら彼らと同様の基本的前提を共有する、裏返しのラディカリズムとも言うべき側面を備えていたのである。ここにこそ、当時のイングランド社会に生じた「ラディカリズムを助長する効果」とネイション概念との王党派的接続が看取されよう。

『月面の男』において展開された言説は、一七世紀イングランドにおけるラディカリズムの影というべき一側面を示唆する。既存の体制の動揺は、それに対する何らかのリアクションを必然的にもたらす。イングランド内戦に前後する時期において、そうした反応は、一方では新たな秩序の創出と変革を志向するラディカルな諸派の隆盛という形で表出した。とはいえ、それとは方向を異にする潮流もまた、確かに噴き上がる。本章で検討した『月面の男』におけるナショナルなナラティヴは、後者の存在を伝えるものであろう。表層に流露した異同にも関わらず、両者が共通項を有する点は看過されてはならない。本章の事例を踏まえるならば、内戦という時代状況のもたらしたラディカリズム、「ラディカリズムを助長する効果」の影響下にあるネイション概念は、レヴェラーズやディガーズと同様、王党派の言説においても確認しうるのである。この意味において、ラディカリズムは、表層に現れた主張のみを根拠として語られるべきではない。それは、急進的変革の要求を可能とする史的状況と、それがもたらす影響に対する、根源的（radical）な反応としても把握されるべきなのだ。[76]

＊本章は、科学研究費補助金・若手研究 19K13601「十七世紀イングランド、ドイツにおけるネーション概念」（研究代表者・小島望）に基づく成果である。

第二章　ドイツ帝国の「反軍国主義」と
プロイセン・ドイツ軍における「対抗ラディカリズム」

中島浩貴

はじめに

プロイセン軍がプロイセンの伝統的な君主制を保全し、伝統的な政治体制を維持する機能を強くもっていたことは、すでによく知られている。一八四八／四九年革命以降、プロイセン軍の内政上の役割は国王や保守派によって重視されており、軍の機能として外に対する実力を担保することと同時に、国内の伝統的な政治勢力を守備する能力も維持していた。一八七一年のドイツ帝国の成立以降、プロイセン軍が実質的にドイツ軍に拡張したのちでさえこうした状況には基本的に変化がなかったのである。ドイツの歴史家たちもプロイセン・ドイツ軍の歴史研究を行う際にこの問題を忘れたことはなかった。ケーア、[1]ファークツ、[2]クレイグ、[3]そしてヴェーラー、[4]ダイスト[5]らの研究のほとんどがこうした視点を前提にしていた。軍がもつ内政上の政治的機能への関心は、ヘーン[6]のように軍の立場を正当化する傾向があると批判されている研究でさえも基本的には共通している。プロイセン・ドイツの軍が他国との戦争に勝利しうる軍隊を志向していくのか、あるいは国内政治の擁護者としての軍隊としての特徴を重視するのかという問題は、フェルスター[7]が一八九〇年以降のプロイセン・ドイツ軍が軍備拡張を通じて軍がどのような役割を果たしていたのかを論じるなかでも注目された観点であったが、軍事政策は単に軍事戦略によって左右されるものではないという観点は、その後の研究に大きな影響を与えてきたのである。

本稿では、軍が政府に批判的な勢力に対応していくという姿勢が、帝政期の軍の組織文化のなかでどのように形成されていったのかを見ていくことになる。軍の基本的な姿勢はすでに帝政期以前から存在していたが、本稿の分析は一八九〇年代以降が中心となる。先行研究では軍が社会主義者にどのように対応していったのか、政策的にどのような対応を行っていったのかという、軍当局主体の政策的な対応を論じるものが主流であった。この視点においては、一八九〇年の社会主義者鎮圧法廃止後に行われた軍による社会主義に対抗する政策の状況は明らかになっている。ただし、先行研究では自由主義者や平和主義者をも含めた軍事的コミュニティ内部での意見変容の過程はほとんど扱われていないし、社会主義者、左派自由主義者、平和主義者を軍がどのようにとらえていたのかという点についても十分に扱われてはいない。加えて、軍が社会主義者やそのほかの軍事問題への批判者に対し、対抗措置をとっていったことについては分析がなされる一方で、軍への批判者にどのように対応していたのかという時系列的な変化についてはいまだ検討の余地がある。軍に対する批判者は軍の世界観、文化、組織を「軍国主義」としばしば批判したが、このようないわゆる「反軍国主義」を一貫したものとしてとらえるべきだったのだろうか。[8]「軍国主義批判」の多様性は特定の党派に限定されるものではなかったし、軍の側も本来は多種多様なものとして理解する必要があったはずである。しかし実際に軍事著述家は批判者に対抗していくなかで、「反軍国主義」や平和主義への批判を織り込んでいくことになる。軍事著述家による宣伝パンフレットでは、相手に対する非難の応酬が行われ、それは一八九〇年代に入り、明白かつラディカルになっていくのである。このような批判者への対抗言説が、軍事言説のなかで先鋭化していく状況を「対抗ラディカリズム」の中で見ていくのが本稿の目的である。こうした研究として社会主義に対抗する政治的なプロパガンダの観点での研究があるが、ここでは軍事的視点に特有の状況から分析していきたい。[9]「敵」に対していかなる言説が形成されていったのかという問題を中心に、ドイツ帝国における軍事言説の「対抗ラディカリズム」を論じていきたい。

1　多様性のなかの「反軍国主義」
――「対抗」文化としての社会主義、自由主義の軍事論と平和主義

プロイセンの軍事力がドイツ統一を成し遂げたことは、ドイツ帝国建国に際して国内に潜在的な批判者をも内包す

るものとなった。プロイセンの軍事力、極めて伝統的な色彩を強くもち、身分秩序の上で保守的な制度の背景を持つこの組織が特別な役割を果たしたことに対して、新帝国のすべての構成員が納得したわけではなかったのである。ドイツ帝国成立以前には、新しい国家の可能性として多様な選択肢が存在していたが、この現実のものとはならなかった国家像に魅力を感じる人々にとって新しい帝国はとうてい納得できるものではなかった。プロイセン・ドイツ軍はこの不満を向ける対象として格好の標的であった。

軍への不満は、軍の社会的、文化的影響を、多くの民間人が批判的にとらえたことによってはっきり表れてくることになる。「軍国主義」への批判はこの民間人の反発に由来している。[10] 軍に対する反発と「反軍国主義」は関連している。このような反発は当然のことながら一貫したものではなく、「軍国主義」という概念自体は、軍事化している社会の状況を批判的にとらえる人々によって特徴づけられたものであり、[11] その成立過程には「対抗文化」としての色彩が強かった。このため「軍国主義」批判は特定の党派を超えた存在であった。自由主義者、社会主義者、平和主義者に見られたこの批判者に共通性がほとんどなかったことは重要である。「軍国主義」という概念の成立において、概念を作りだした人々は、様々な言説のなかで変幻自在に批判を行っていたのである。

徹底した「軍国主義」の批判者とみなされる傾向のあった社会主義者の主張でさえ、必ずしも一貫したものでなかったことも確認しておく必要がある。「軍国主義」がどのような存在なのかという点についてさえ、認識には相当の幅があった。国際関係、戦争、帝国主義という問題についてドイツ社会民主党（ＳＰＤ）の内部でも相当の意見の対立があった。[12] この問題については、関嘉彦が指摘しているように、ＳＰＤは基本的には祖国を防衛する戦争の必要性については肯定的な立場をとっていたこと、また植民主義と軍国主義に対する党の主流派の考えは一致していたとはいえ、軍国主義の結果として生じる戦争の危険がどのような結果をもたらすのかについては対立があり、さらにＳＰＤと平和主義者との連携にも否定的であったという見方は今でも有効であろう。[13]

「軍国主義」に対してどのような対抗策をとっていくのかも、論者によって相当の幅があった。社会主義者のなかでの軍事著述家として現実認識や理論の上で、大きな影響力を持ったものとみなされたのは、カール・マルクスとフリードリヒ・エンゲルスである。とくに社会主義者のなかで軍事専門家としても知られたエンゲルスの軍国主義批判は、イデオロギーが背後にあったものの、軍がもつ組織の閉鎖性、軍事システムの硬直性、保守性への批判が前面にあった。(14) 彼の広範な軍事論を再検討してみると時事的な状況分析が中心であったが、その主張のなかでのちに社会主義者によって継承されていったものには、軍制の土台をなす兵役義務や民兵制をめぐる主張が含まれていた。エンゲルスの軍事的認識のなかでも、大きな影響力のあった見方のひとつが、一般兵役義務の導入とその拡大によって、社会主義思想に感化された労働者が徴兵されることで軍隊の構造自体が社会主義者にとって望ましい状況に変化するという認識である。この見方は自由主義者による軍事論の流れを継承しつつ、社会主義者の世界観にとって受け入れやすい将来の軍の変化のイメージを示していた。しかしながら、エンゲルスの主張は結果的にそうなると予想・期待していたにすぎなかった。当時のＳＰＤもエンゲルスによって予言された方向性を実現すべく「意図的に」行動していたわけではなかったのである。

エンゲルスに続いた社会主義者たちも彼の認識を継承したが、その一方で刻々と移り変わる現状認識のなかで、エンゲルスの軍事論を絶対的なものととらえていたわけではなかったことも事実である。現実に政治の場で活動している論者は個別の議論を行っていた。特にＳＰＤ内部の「修正主義」をめぐる意見対立は、戦争や軍隊に関する視点に対しても影響を与えていた。マルクスやエンゲルスによって規定された経済決定論に強い影響力を受けたルドルフ・ヒルファーディング(15)やローザ・ルクセンブルク(16)のように、「資本主義が高度化すれば当然に植民地支配をめぐって対立が生じ、その結果は軍国主義の台頭と帝国主義戦争の不可避的到来であると主張する」(17)立場の論者がいる一方で、エドゥアルト・ベルンシュタインのように「当時の一連の国際的衝突を、偶然の逸脱事件として見なし、……ただユンカーなどの農業に利益を持つもの、保護主義により利益を受ける一部の資本家、国王などの無知な外交政策に迎合する知識階級などが、戦争の危機を煽動しているに過ぎないので、啓蒙活動により戦争は防ぎうるとの認識に立」(17)つような、現状への柔軟な対応を意図する立場が併存していた。

加えて、SPD内においては独自の軍事論もまた形成されつつあった。アウグスト・ベーベルがプロイセン軍の軍事組織としての不十分さを攻撃したのはその一例である。[19] その批判の軸はプロイセン軍に伝統的な封建的、貴族的制度の遺風が残っていることであり、これこそが近代的な戦争準備にふさわしくないという主張がなされたのである。ベーベルによる象徴的なスローガンである人民軍（Volkswehr）は、社会主義者に都合の良い軍隊を作るという意図にもまして、軍事的効率性から考えれば適切なものとは言えないプロイセン軍の伝統を一掃する意図があった。[20] また、カール・リープクネヒトの軍事論も同時代的な軍事的状況の変化に対応した対策を独自に模索していたものといえよう。[21]

帝国議会で政策を実践したSPDの議員たちによる国会での発言も、軍の存在を認めない教条主義的な軍事批判にとどまらなかった。SPDの軍事批判では、軍の存在を前提としつつ軍の閉鎖的な組織文化への攻撃が行われている。プロイセン（・ドイツ）軍が伝統的にもっている軍事文化が攻撃される傾向が強まり、軍の階級制度、貴族への優遇、近衛兵、将校といった軍事文化に付随するものが批判の対象となった。[22] こうした批判は帝国議会でばかりか、雑誌『ジンプリチスムス』などの大衆向けの出版物のなかで頻繁に扱われることになったのである。[23] 風刺画で描かれた軍の姿は軍事文化への批判に満ちていた。当然このような扱いは軍に対する嘲笑と皮肉を伴った。これは軍が誇らしく考えている世界観を感情的に大いに傷つけるものであった。総じて社会主義者の軍事観は多様性に富んでいたといえよう。「プロイセン軍国主義」に対する批判は、具体的な軍隊批判、「軍国主義」認識、国防のあり方に対する認識、対象への嘲笑や皮肉という様々な次元、個人ないし表象の媒体で相当な差があったのである。

自由主義者の軍批判も多様であった。ドイツ帝国成立期にはいまだ一八六〇年代の憲法闘争の名残を引きずっており、オイゲン・リヒターなどの軍の見解に対する批判者がいた。[24] ただし、彼らは名望家時代の政治家でもあり、党議拘束はなく、個人的な認識のなかで論戦を行っていた。「文民軍事大臣」とさえ呼ばれた軍事問題への批判者リヒターの主張は、軍の組織文化への批判、財政的、組織的な不備に対するものが多く、根源的な軍のあり方に対するものや新しい軍事組織への提案はあまりなされなかった。

一九世紀末にはドイツ帝国にとどまらず、戦争や軍事問題への関心は、ヨーロッパ全体で軍に付随する政策的な問題に限定されなくなっていく動きがあった。平和主義の台頭である。(25) 平和主義は個人的な主張にとどまるもの、それが様々な形で組織化拡大していく状況も見られ、ドイツにとどまらず、国際的な広がりを持つようになった。多くの平和運動家が知られている。オーストリアの貴族ベルタ・フォン・ズットナーは反戦小説とみなされる『武器を捨てよ』を記したが、同時代において広く知られていた。(26) また、国際法学者ヨハン・カスパー・ブルンチュリは、国際法によって戦争をコントロールする議論を行っていたが、当時のプロイセン軍参謀総長ヘルムート・フォン・モルトケが一八八〇年一二月一一日付の書簡で戦争の意義について論じる反論を寄せている。(27) 一八九〇年代には、このような平和を求める動きが一層拡大していった。歴史学者ルートヴィヒ・クヴィッデは皇帝ヴィルヘルム二世を暗喩した『カリグラ』（一八九四年）および、『今日のドイツ帝国における軍国主義』（一八九三年）のなかで、明確に「軍国主義」を批判している。(28) 国際的な動きも平和主義を後押ししている動きがあった。ロシア皇帝ニコライ二世による一八九九年と一九〇七年の万国平和会議の開催は、平和主義運動の高まりを象徴する事例である。このように、平和主義的風潮と連動する動きもまた特定のグループにのみ限定されない動きが起こっていたのである。(29)

ここで確認してきたように、社会主義者や自由主義者の「反軍国主義」論あるいは平和主義の動きは、基本的に現存している軍事的構造や戦争そのものに対する批判や否定が前提になっている。このような世界観は個別の論者によってかなりの幅があったし、一貫したものでもなく、また党派や国際的な協調でも組織的に徹底したものにはなりえなかった。ただし、このようなある種多様性に富んだ政治批判の文脈が、批判ないし否定されている側である「軍」の文脈から見た場合にどのように読み取られていたのか、このことが確認される必要があろう。とりわけ、軍からすれば、「反軍国主義」の認識は基本的な価値観からして受け入れられるものではなかったし、自己の文化を犯すものとして対抗すべきものとなる。

2　「反軍国主義」とプロイセン・ドイツ陸軍——研究史上の問題と軍の現実認識

「反軍国主義」に統一性と一貫性がないことは、軍では考慮されていなかった。「反軍国主義」の多様な動きはその不明確性と相まって、国家の安全保障を守るうえでの「リスク」として認識されることになる。この「リスク」は外敵によるものと同じく、対抗策を講じる必要があった。ここに、軍とその構成員が主体となって「反軍国主義」に対する様々な対策を取りうる余地が存在していたのである。とりわけ軍事著述家が政治的な主張を行っていくうえで、リスク認識が役割を果たしていくことになる。

ヘーン[30]は、マルクス主義的な軍事論の形成過程と帝国議会での社会主義者の帝国議会での主張を検討している。ここでは膨大な史資料を用い社会主義者の軍事認識を確認し、それに対する軍側の対抗措置を詳述している。本研究にはすでにヴェッテ[31]などによる批判がなされているが、ヘーンの研究は軍側の対抗措置を合理的なものとして認識し、肯定している観点で論じているために、根本的な問題を抱えている。[32]当時マルクス主義者の文献が軍によってどのように把握されていたのか、読まれていたのかという問題は十分に検討されていない。社会主義者の軍事論の把握の程度を考えてみれば、ヘーンは当時の軍部が批判者たちの主張を正確に把握していないことを見落としている。同時代的な認識の相違を分析するためには、相互理解のコミュニケーションが円滑なものではなかったことを前提とすることが重要であろう。たとえば、マルクスやエンゲルスの軍事論、もしくはほかの社会主義者の軍事論について、当時の軍事著述家が記述した文献や著作を確認してみると、それが本当に読まれていたのか、（どのような形であっても）受け入れられる余地があったのかは判断することは難しい。社会主義者たちの間では著名な軍事理論家とみなされている著述家であっても、軍のコミュニティの中に位置していなかった文献の引用や言及（批判的なものも含めて）を見出すことは難しいし、批判者の主張を正確に理解しようとしていた形跡は確認できない。とくに、SPDの議員たちにとって軍事問題を理解する際に重視されたエンゲルスの言及や分析でさえ、軍事著述家の著作から見出すことはできない。だが、その一方で、帝国議会で行われていた批判的な軍事言説は十分認識され、検討されて、引用されていた。このため軍が解釈する批判者の軍事観は当初から「政治」の場の用語として認識されており、議会言説として対応する必要があった。

ドイツ帝国における軍事著述家は、軍事問題に関する解釈を社会的に独占する傾向があった。軍や戦争への認識・判断はあくまで専門家のものであり、専門家と認められないアウトサイダーの介在は認められない傾向が強かった。たとえば、社会主義者による軍事論はそのコミュニティ近辺での影響力は強く保持していたが、専門家の議論に挑戦する力は限定されていたし、軍の専門家が本格的にアウトサイダーの主張を真剣に取り上げることも稀であった。アウトサイダーの軍事観に対する軍の関心は低かったし、加えてその基本的認識に対する共感もなかったと考えるべきであろう。

では、軍ないし軍事著述家が、アウトサイダーの軍事や戦争に関する議論を検討する状況はどのような場合が考えられるであろうか。第一に、帝国議会およびその政策的問題に付随する議論への対抗軸を構築する場合である。とりわけ、軍備政策をめぐる議論において、左派自由主義諸党やSPDの論拠に対抗するために彼らの軍事論に対する分析、検討が行われた(33)。このような観点において、SPDの議員の主張は分析されている。第二に、軍内部で社会主義者に対抗するための具体的な方策を検討する可能性である。ただし、軍ないし参謀本部、陸軍省のような組織のなかで社会主義者に体系的に対抗しようとしたかは、先行研究のなかでもある程度言及がなされており、特に参謀本部の構成員は、政策主導のプロパガンダに関与した人物が相当いたことがすでに分かっている(34)。軍が「反軍国主義」的言説に対してプロパガンダを組織的に行っていく状況については、一定の関与があったことがすでに研究の前提になっている。外敵に対する体系的な戦略計画を参謀本部が立案していたように、国内向けの対応についても参謀本部による一定の組織的関与があった。とはいえ、このような関与は、基本的に「反軍国主義」、平和主義的な世界観の徹底した分析に基づくものではなかった。

軍の社会主義者ないし平和主義批判は、軍事文化内部の世界観の反映、反対派への対抗的措置に基づくものとなった。その根拠として挙げられるのが、社会主義者への視点が体系的かつ正確な認識ではなく、敵対者をどのように位置づけるのかという観点での検討であったからである。帝政期の軍人が書いた軍事論の中で扱われる社会主義者の姿は、客観的な論者という視点をとることはなく、軍の見解に対し異議を唱えてくる対象として描かれている。さらに、あとで述べるように同時代の文献を検討してみると、批判の対象は社会主義者にのみ限定されるものではなかった。一八九二／一八九三年陸軍法案の際の宣伝パンフレットに特徴的であるが、軍事法案に関してコメントした議員や党派は全体的に言及されており、特定の党派だけに限定されたものではない(35)。政治の場において法案に反対する批判者とそうでない者が包括的に区別され、対立相手として認識されたのである。

3　「反軍国主義」的軍事論と「対抗プロパガンダ」

対立相手との論争の中で、軍と「反軍国主義」間のコミュニケーション不全が形成されていった状況は注目される。特に軍事制度の見方は平行線をたどり、合意に基づく対話の余地はなかった。プロイセン・ドイツ軍の軍事著述家は自由主義者が重視する民兵制を批判した。民兵とは一般住民から召集され、常設の軍隊を置かない（もしくは軍事的組織の根幹として考えない）軍事組織であった。都市住民や農民といった職業を軍人とはしない人々が事前に武装する訓練を受け、緊急事態に軍務に服する制度である。民兵制は、一般住民の自発性が重視されたことから、都市在住の市民層のなかで好まれた。民兵制では軍は必ずしも常備されず、また職業軍人の役割も基本的に重視されないものである。[36]

プロイセンの軍事専門誌は民兵制を中心とした軍事論が現実に即していないものと批判する点では一貫していた。その際に、自由主義者の軍事論を克服する際に正当化の論拠となったものとして、一般兵役義務があった。一般兵役義務は兵役に適格な男子を召集し、正規軍の指揮命令系統を基準とした軍事組織に統合していくものである。しかし、一般民衆、市民から召集された兵士が軍務を果たすことは、独仏戦争の勝利以後、自由主義者からも肯定的に認識される傾向が強まっていく。[37] 一般兵役義務は自由主義者が理想としていた民兵制の一形態として認識されることになった。[38] ナショナリズムは国家の統合を果たした軍隊の役割を重視し、ドイツ統一戦争での市民層の働きを一般兵役義務のなかで正当化したのである。[39]

これに対し、社会主義者もまた民兵制を導入することを熱心に主張していた。社会主義者の民兵制議論は自由主義者の解釈からの派生物であったが、そこに限定されない広がりを持っていた。かつての自由主義者の軍事論の欠点は、民間人主体の民兵は軍事的効率性を欠いた存在であったという問題点を克服できなかったことであった。これに対し、社会主義者の民兵制提案は実戦に耐えうる軍隊の建設の手段であることが強調されていた。社会主義者の軍事認識のなかでは、プロイセン・ドイツ軍はプロイセンの伝統的で前近代的な貴族階級と切り離せない関係にあったことは、自由主義者の視点と同じであったが、プロイセン・ドイツ軍の非効率性を克服しようとする意図に関しては社会主義者の方がはるかにラディカルな形をとった。SPDの軍事議論の中には、旧態依然とした非効率な軍事文化は克服されねばならず、一層効率的で有能な軍の建設こそが求められた。当然、旧来の軍事文化は顧みられることはなく、そこでは一般兵役義務により補強されていたプロイセン・ドイツ軍とは別の存在がもとめられた。この視点はもちろんドイツ帝国の成立を遂げた軍を称賛するナショナリズムとの接点も薄くなる。社会主義者による民兵制は旧来のプロイセン・ドイツ軍の世界観とは真っ向からぶつかる傾向があった。さらに、平和主義のなかでは戦争を行う軍や軍事かった。

組織の役割は、基本的に意味があるものとしては見なされない。ここには、基本的土台すら軍とは共有する余地がなかった。

「反軍国主義」に対する正確な理解が必ずしもなくとも、軍や軍事著述家はそれが脅威であることを明確に理解していたといえる。その対立点は妥協する余地はほとんどなかった。軍が提示する世界観の多くに対し「反軍国主義」や平和主義の認識は対立するものであり、それは明確に示されていたのである。このため「反軍国主義」に対する軍の認識は原理原則的な対策へと傾かざるを得ず、それは言論の場で先鋭化していくことになる。

先行研究は「反軍国主義」に対する軍の政策的対応に紙数を割いてきた。とりわけ一八九〇年一月に帝国議会で社会主義者鎮圧法の延長が否決され、九月に失効することが確定したことが、軍の組織に対しても大きなインパクトを与えたことが強調されてきた。一八九〇年二月二〇日の帝国議会選挙の結果、SPDが三五議席を獲得し、今後、帝国議会での軍事議論に関しても無視できなくなるということは明らかになっていた。このような状況に対して軍周辺では既に社会主義者鎮圧法の廃止以前に動きがあった。一八九〇年二月一二日にバイエルン内務省は、補充部隊に対して社会主義の指導者だけでなく、新兵の中にいる社会主義の支持者とみなされたもの全員を報告させようとしていた。(40) このような動きはバイエルンにとどまらなかったようである。すでにダイストが先行研究で論及しているように、当時のプロイセン陸相ヴェルディ・ドュ・ヴェルノワは、一八九〇年三月二〇日に全プロイセン軍司令部への布告のなかで、社会主義者鎮圧法のもとで廃止される予定の軍内部での「組織、指導、アジテーション」を「持続的かつ継続的」に維持するよう命令していた。(41) これは社会主義者鎮圧法の失効が確定しても、軍内部で従来同様の措置を継続していくことの現れであった。社会主義者に対応していく方策が政策のなかで現実化していく状況は、一八九〇年三月三一日にプロイセン内相にも陸相の希望が伝わっていた状況からも確認できる。「近年の社会民主主義の支持者の増大に直面して、召集の際に、SPDの影響力のもとにあるか、ある程度SPDと関係のある――ｆ指導者やはっきりと熱意をもった社会民主主義の教義の支持者とみなされうるものでなくとも――兵員をもチェックすることに、陸軍大臣は部隊の関心があると考えている」[42]のであると。いずれにせよ、軍の社会主義者への政策対応は、社会主義者鎮圧法の廃止時期に真剣に議論された問題だった。

ただし、軍事著述家の言説は、社会主義者への攻撃に特化していたわけではないことは注意を要する。陸軍兵力の増強を図ろうとしたために、軍が軍事問題を公の席で議論しなければならなくなった状況は、多くのパンフレットのなかではっきりしてくるが、まだ一八九〇年には軍事著述家たちにも躊躇があった。ラテン語のタイトルによって目を引くパンフレット、テオドール・シーマン『執政官は国家が何らかの損害をも受けざるように注意すべし』[43]（一八九〇年）は、のちに戦争を肯定した書籍として一躍有名になる『ドイツと次の戦争』を記したフリードリヒ・フォン・ベルンハルディによる匿名の著作である。このパンフレットでは一八九〇年の軍備増強の必要性を主張する一方で、国内の政治的問題に関する言及は慎重に控えられている。その主張はロシアとフランスの脅威を中心とした現状の軍事的な分析に集中していた。匿名であるにもかかわらず、その主張の中に国内の政治的党派に対する批判が慎重に避けられていた。これは、一八九〇年においてはまだ、軍事著述家に許された政治的主張の可能性が制約されたものであった一つの例証である。

アウグスト・フォン・ボグスラウスキーは、戦史記述で著名な軍事著述家であり、ネフによれば専門の戦術ではヴィルヘルム・フォン・シェリフとともに命令戦術（Befehlstaktik）の主張者として知られ[44]、戦場での戦闘において兵士が指揮官の指示に完全に従属することを求めていた[45]。このような兵士への「上から」コントロールする姿勢は、彼のパンフレットの政治的な主張にも表れている。彼は数多くのパンフレットの執筆を行い、一八九〇年代に帝国議会で議論された軍備増強、社会主義者への法的対策などを扱ったが、とくに政治的なものに切り込んでいくことに遠慮がなくなっていく[46]。ボグスラウスキーによる政治問題への直接的な言及は、一八九二／一八九三年陸軍法案に関するパンフレットになると本格化してくることになる。議会での反対党派のコメントや、それに対する批判をまとめ、一般向けの軍事的な解説と政治的な問題を関連づけている[47]。ここでは、時間を経るごとに社会主義者や平和主義者、左派自由主義者への批判が明確になり、軍の見解による多種多様な党派に対する批判が強まっていくことがわかる。ただし、一八九三年陸軍法案審議の際のパンフレットの中には、社会主義者批判ははっきりとみられる一方で、決して攻撃対象は彼らだけにとどまらなかったことを追記しておく必要があろう。[48]陸軍の兵力拡張を正当化する世論形成のために数多くの軍人がパンフレットの執筆を行ったが、このパンフレットの中での批判は様々な形をとったのである。一八九二／一八九三年陸軍法案採択の際に、のちにドイツ国防協会の設立で著名になるアウグスト・カイムは陸軍法案の必要性を説明するパンフレットを執筆している。彼のパンフレット『なぜドイツは国防力を強化しなくてはならないのか』[49]（一八九三年）は、フランスやロシアといった他国の脅威に対抗するために軍事力の増強が必要であるという説明を行っており、その対象はあくまで外の敵に対する批判が主である。これに比べると、国内の陸軍法案に反対する党派に対する批判は弱く、反対派の軍事的理解の未熟さへの批判は行われていない。[50]この点が、宣伝パンフレットであるにもかかわらず、当時現役の中佐であった彼が、実名でパンフレットを書くことができた理由であるように思われる。

社会主義者に対する批判が全面的なものとなるが、ボグスラウスキー『完全なる戦い――見せかけの戦いにあらず』[51]（一八九五年）である。このパンフレットは社会主義者鎮圧法の後継法案である国家転覆法案（一八九四年）が帝国議会を通過しなかった政治状況を反映し、社会主義に対する警鐘を鳴らすものであった。

社会主義者に対する全体的な法改正は成功しなかった一方で、これに対応する形で軍事刑法改革が行われた。[52]軍事刑法改革では、法律の条文上は直接社会主義者を名指しするものではなかったが、軍内部の秩序と規律を伝統的な方法で維持することが意図されていた。軍事専門誌『ドイツ陸海軍年報』では、「軍事刑法改革」（一八九三年）について論じた論説のなかで「特に、国家と軍に反対する国際的な政党が敵対的な考え方を広めようとしているので、これは重大な結果を招きうるといえる[53]」とはっきりとその改定目的の一端が記されていた。このような認識が継承されていくことになる。ボグスラウスキーはこのような刑法改定で重視された規律の順守に関連づけ、これを歴史的に解説している。『名誉と決闘』（一八九六年）では、軍の伝統的名誉である名誉と決闘を古代ゲルマンから現代にいたるまで、自国の軍の中心文化とみなし、歴史的連続性のなかで説明している。[54]

こうしたパンフレットの対象とする領域が、徐々に陸軍法案に限定されないものとなっていった点も特筆されよう。平和主義者や社会主義者が軍事問題について言及した著作に対し、軍事専門家ないしそれに近い人々によって攻撃が加えられるのもこの時期であった。先述したようにクヴィッデの『今日のドイツ帝国における軍国主義』には、『ドイツの軍事精神——『あるドイツ人歴史家からの告発状』に対する、あるドイツ人歴史家からの返答』と題されたパンフレットですぐさま反論がなされている。[55] また、ベーベルによる当時のＳＰＤの軍事政策を述べたパンフレット『常備軍ではなく民衆を守る軍』[56]（一八九八年）に対しても、ボグスラウスキーも『国民軍は民衆を守る軍ではない』[57]（一八九八年）というパンフレットで反論を加えている。このパンフレットについても『ドイツ陸海軍年報』はその内容の紹介と好意的な推薦文を掲載しており、軍事文化と軍内部の伝統的な意識を擁護する姿勢を鮮明にしている。[58] 当時の軍事雑誌に掲載されていた「軍事著作展望」欄は当時出版された軍事文献をどのように評価していたかを考える絶好の材料を提供してくれる。

軍の内部で「反軍国主義」に対する批判が強まっていく状況は、軍事言説の軍による独占が脅かされていた状況とも関連している。一八九〇年代以降、軍のオピニオンリーダーが、民間で行われていた軍事言説ないし反軍事言説、平和言説のいずれに対しても多くの反論を行っていたのは偶然ではない。彼らの批判の対象は自由主義者、社会主義者、平和主義者にいたるまで幅広く行われていたし、そこに限定されたものでもなかった。

参謀本部の軍人による歴史家への介入としてよく知られている「戦略論争」もこのような時代状況のもとで解釈する必要がある。ベルリン大学の歴史学教授ハンス・デルブリュックの軍事史研究に対し、軍事著述家であったコルマール・フォン・デア・ゴルツやフリードリヒ・フォン・ベルンハルディが行った論争は、デルブリュックの歴史的客観性を担保しようとする主張に対し、軍がもつ価値観が衝突したものであった。戦略論争が大きな争点となりえた理由の一つは、軍を主体とした言論形成とは相いれないものであったことが大きい。軍事的な知の空間において重要な役割を果たす戦史解釈の独占に対して、部外者が介入することは望ましくないとみなされたのが当時の状況であった[59]。軍事著述家たちが一八九〇年代以降、戦争肯定論を主張していく状況も民間に対抗していく動きと軌を一にしているといえよう。そして、こうした軍の権威に対する対抗措置の中核として、軍事著述家が働いたことは決して偶然ではなかったのである。

終わりに――「反軍国主義」に対抗する対抗ラディカリズムの形成

先に見てきたように、「反軍国主義」の軍事認識、軍事言説は非常に多様であり、権威としてのプロイセン軍国主義批判の領域にとどまったもの、反帝国主義論や、平和主義といった様々な要素によって形成されていた。このような言説は、社会全体に向けられたものでもあったが、軍にとって受け入れられる視点は限定されていたし、その主張による輿論形成もまた自らの運動との関連性が深かった。

軍事問題に関する主張の受け手としての軍は、「反軍国主義」の意見表明を理解する余地はなかった。それどころか、軍を主体とした新しいシステム形成、つまり軍から「反軍国主義」的要素を排除する方向性へと大きく舵を切る動きを進めていくことになる。このような軍事言説の構造転換を考える際に、コミュニケーションは決定的な役割を果たしたのであり、社会主義者たちの軍事および政治認識への対抗措置が具現化していくことになる。つまり、社会主義者の軍事観が軍にとって認められないものである一方で、軍はその認識に対する不十分な理解のまま、その主張のなかでも最も先鋭的なものに対抗していった。社会主義者と軍の間には、ある意味でコミュニケーションが存在した。両者はお互いの主張を分析、検討し、ある程度認識していた。だが、双方ともそのコミュニケーションには、相互の見解を理解し、それに対する回答をもたらすことはなかった。相互のコミュニケーションは一方的なものであり、その一方的な認識ゆえに相互不信が拡大していったのである。「反軍国主義」の批判者たちと軍による双方の「対抗」ラディカリズム形成はまさに典型的な事例をなすものである。この両者には相互に認識し、コミュニケーションもあったが、基本的な認識として合意できるものはなかった。この相互のコミュニケーションをつなぐ言葉は「政治」的な意味を常にともなっており、軍事問題をめぐる言説は常に対立と軍事的な力をどのように自陣営に担保していくのかという問題と結びついていたからである。

政治的対立に伴うこのようなコミュニケーション不全――相互にコミュニケーションを成り立たせるのではなく、敵対者を攻撃していく――によって形成されたシステムは、基本的に「敵」を前提として、この「敵」に対するシステムとして機能していこうとする傾向を強めていくことになる。「反軍国主義」と軍との対抗システム形成を分析していくことは、社会システムの形成がどのような形で行われ、それがシステム自体にもたらす問題を見ていくモデルケースをなすものといえよう。公共の場での。安全保障をめぐる問題の議論は、時代や地域を問わず、大きな対立が付きまとう。この安全保障をめぐる社会システムとしての軍、あるいは軍事言説の形成とその対抗軸をどのように把握し、システム内部の自律的な論理に飲み込まれないようにしていくのか、二元的な対立に捨象されないコミュニケーションを考える上でも普遍的な問題であろう。

＊本稿は、科学研究費補助金・基盤研究（A）19H00547及び、基盤研究（C）（一般）19K01086の成果である。

第三章　日本における反動右翼のラディカリズム

――「イデオロギーの内戦」一九一七～一九四一年

新谷　卓

はじめに

本章の目的は、第一次世界大戦と第二次世界大戦のあいだのいわゆる「戦間期」において日本で影響力があったと考えられる政治的イデオロギー、「保守主義」「リベラリズム（自由主義）」「社会主義」「共産主義」「ファシズム」、そして「日本主義」（後述）の対立関係をドイツの歴史学者エルンスト・ノルテの「ヨーロッパの内戦（Der europäische Bürgerkrieg）」(1)という概念を用いることによって整理し、本書の主題であるラディカリズムの一端を理解することにある。すなわち、それらの政治的イデオロギーを同時代の関係性のなかでとらえ、右翼の「ラディカリズム」をバックラッシュ（反動・揺り戻し・対抗形成）現象として見ていくということである。もちろん上記のイデオロギーを生みだす個々の原因や諸条件を見のがしてはならないが、ここでは、それらはイデオロギー間の関係の基礎の上に付けくわえるべきものと解釈していくことにしたい。

共同体を変革しようとするイデオロギーに対して、それに抵抗しようとする内部の運動は、いわば生理学的反応とも言える。最近の例で思い浮かべれば、米国でトランプ大統領が誕生したのは、初のアフリカ系大統領の誕生、ＬＧＢＴの権利承認、ロー対ウェイド判決、ヒスパニック系移民への寛容な政策などリベラルなイデオロギーによる社会変革・変化の広がりに対する保守派の反動という側面が強かった。ここ数年の欧州各国に見られる右翼政党の台頭も（ブレグジットも）、ＥＵ拡大による移民の増大とイスラム系難民の人道的受け入れといったリベラルでグローバルなイデオロギーに対するナショナルな反動と捉えることができる。

このようにいつの時代においても、既成の社会秩序や規範、民族の伝統を脅かすと思われるようなイデオロギーが社会に浸透しはじめると、それに対する単なる保守以上の対抗イデオロギーが生まれる。とりわけその変革が直接外国によるものであったり、外国に由来する思想や文化であったりした場合には、その主張・行動はいっそうラディカルな形で現れる。こうした事例は枚挙にいとまなく、歴史の法則とは言わないまでも一般的傾向だと言ってよかろう。

そこで本章では、テロが頻発した日本の「戦間期」における政治的ラディカリズムの発生をこうした側面から見ていく。すなわち、ロシア革命を背景に勢力を拡大する国内の左翼勢力や、英米の個人主義・自由主義を基調として、英米との協調路線を進めるリベラル勢力が、右翼をいかにして急進化させていったのかを検討し、加えて、体制側が左右両翼のラディカリズムとの戦いの結果、体制が全体主義化し、結果的に自己破壊に突きすすむ抑制の効かないあらたなラディカルさを生みだした点にも注目してみたい。

1 「イデオロギーの内戦」とアンティ・共産主義

今日、歴史の出来事を説明するための方法としてイデオロギー的要因を重視する研究は多くない。それはこの時代の「共産主義」に関係する対象を考察するときにも当てはまる。たとえば一九三五年に「北支」に作られた傀儡政権である冀東防共自治委員会（後に政府）における「防共」という言葉を考えても、また関東軍の中央アジアをつなぐ防共回廊構想を考察する上においても、焦点が当てられるのは、共産主義イデオロギーではなく、中国共産党やソ連に対する外交的・軍事的戦略であろう。実際、軍の特務機関などでは、イデオロギーは、戦略の手段ないしは「思想戦」に勝利するためのプロパガンダでしかなかった。また一九三六年に締結された「日独防共協定」についてみても、やはり共産主義イデオロギーと戦うための同盟としてではなく、日本の国際連盟脱退後の、国際社会からの孤立脱却のための外交的・軍事的戦略といった非イデオロギー的な視点から論じられることが多かった。(2) たしかに、実証的なレベルで歴史をとらえるとすれば、こうした理解は正しい。

しかし、事態を実証的にそして権力政治的に見ることが重要だとしても、それを超えた理念的な次元による解釈を無視してよいわけではない。イデオロギー間の関係から歴史を説明したり、そこから経験的なレベルのアクターの動きに関連づけて説明したりすることは、より立体的に歴史を見ることを可能にする。権力政治的見方だけが事実だとする見方は、これもまたある種のイデオロギーに侵食された見方なのである。

ここで「イデオロギーとは何か」という問いにも触れるべきであろうが、本稿ではイデオロギーそのものの哲学的分析については括弧に括り(3)、本稿に関係する政治的イデオロギーの起源だけに焦点を当て、それを議論の糸口としたい。これについてはさまざまな見方があるが、ここでは「世界システム論」で知られるイマニュエル・ウォーラーステインによる政治的イデオロギーの起源に関する考察を取りあげる。彼の考察はここでの議論を直接的に補強してくれるものとなる。彼は、保守イデオロギーの誕生にフランス革命が果たした役割を強調したイギリスのエドマンド・バークの『フランス革命の考察』やセシル卿の思想を踏まえて次のような議論を展開している。

いわゆる現代の政治的なイデオロギーと呼べるものは、フランス革命後のウィーン体制のなかで初めて用いられるようになった。まずアンシャンレジームに対する市民の不満から暴発したフランス革命に対する反発として「保守主義」イデオロギーが生まれ、時代を逆行させようとする「保守主義」の反対者として近代性を穏健に開花させようとする「リベラリズム」が形成された。その後「リベラリズム」に対抗して近代化をラディカルに加速させようとする「社会主義」が誕生した(4)。

この見方で注目したいのは、「……イデオロギーはそれ自体が世界観ではなく、むしろわたしたちが近代性と呼ぶ、新しい世界観の到来に対する数ある反応のうちの一つである」という点、それゆえこれらのイデオロギーは、自立した思想ではなく、それぞれが何かを否定することによっておのれの形を明確にしていったという点である(5)。感情をともなった強烈な「アンティ〜」こそが、人々を結集させ一つの自立したイデオロギー的まとまりを生みだす力となったという認識は重要である。

二〇世紀のイデオロギーの構図も基本的にはこれらのヴァリエーションだったといってよかろう。「社会主義」と袂を分かった「共産主義」は、「リベラリズム」や「社会主義」よりいっそうはやく状況を変えようとし、手段として暴力革命を肯定した。すなわち、急進的な「社会主義」ともいうべきものであった。これにすこし遅れて登場したのが「ファシズム」である。「ファシズム」の起源については、多くの議論がながいあいだ積みかさねられ、今なお決着がついていない問題も多いが、ノルテをはじめとして、エリック・ホブズボーム、フランス革命の専門家であるフランソワ・フュレら欧州の現代史家がとくに強調しているのが「アンティ・共産主義」という特色である。[6] ノルテが「グラークにアウシュビッツが先立つ」[7]と述べたように時間的に前後関係にある具体的な事実のあいだの一対一の因果関係を証明することは難しいとしても、共産主義の言う「階級の絶滅」という抽象的な言説が実際に人間の殺戮というかたちで実行に移されたとき、それが「保守主義」や素朴な右翼を、暴力的な行動を伴う「ファシズム」やラディカルな右翼にまで高めていったという分析は傾聴に値するのではなかろうか。すくなくともホロコーストをめぐる責任論と混同して初めから検討に値しないものとして退けられるべきではなかろう。[8]

本稿において筆者はノルテの結論をすべて肯定するわけではないが、一九一七年から一九四一年までの対立を、「共産主義」「社会主義」「リベラリズム」「ファシズム」のあいだに起きたイデオロギーの「第二のヨーロッパの内戦」[9]として、これらのイデオロギー間の関係を見ていくというノルテの分析の基本的な枠組みを踏襲することにしたい。

さて日本もまた明治維新以降、遅れて産業化、資本主義化、グローバル化といった一連の近代化の過程をたどってきた。日本だけが西欧の文脈とは異なる独自の二〇世紀を体験してきたということはありえない。この時代の日本の政治断面を切りとれば、西欧と同じような構造が、俗な言い方だが、「金太郎飴」のごとく見えてこよう。日本でもやはり近代化・産業化とともに（いわば下部構造に支えられた輸入品として）西欧から入ってきた「リベラリズム」「社会民主主義」「共産主義」「ファシズム」といったイデオロギーが大地に根を張り、議会をはじめとしてさまざまなところで対決が繰りひろげられたのである。

そしてこれに加えて、これらの外来のすべてのイデオロギーに対抗して、外来の保守主義やファシズムとも親和性がある総称して「日本主義」とも言えるようなイデオロギーが欧米化に対する反発として生まれた。このイデオロギーは、明治以前にもある程度、形はあったが（たとえば水戸学）、外来の近代的なイデオロギーに対抗するために、ブラッシュアップされ（天皇制がそうであったように）、明治の中期頃、近代的な形に整えなおされたものだった。すなわち西欧の文法でも理解できる「近代的な日本主義」や「近代的な天皇制」、矛盾した言葉ではあるが「近代的な復古イデオロギー」ともいうべきものがここであらたに創造されたのである。以降、第二次世界大戦で敗北するまで、さまざまなかたちでの「日本主義」が現れ、日本という空間のなかでその正統性をめぐって外来のイデオロギーとの内戦が繰りひろげられた。

2　右翼とは何か

ところで、日本において右翼とファシズムとでは、何が異なるのであろうか。戦後、日本においては、ほぼ区別なく使われてきたと言ってよい。だがそもそも両者は別のもので日本には欧州のようなファシズムは存在しなかったという見方があり、そのあいまいな使用法がしばしば批判の対象となってきた。(10) これらの概念に加えてさらに「反動」「国粋主義」「愛国主義」「国本主義」「国体主義」「国家社会主義」「国民社会主義」「超国家主義」といった相互に重なりあうタームがあり、これらを学問的に詳細に定義することは思いのほか難しい。(11)

堀幸雄の『最新　右翼辞典』によると、「右翼」という言葉に「明快な定義はない」とした上で、一般的には「反動的かつ反近代的な国家主義思想及び運動を指す」とする。(12) やはりここでも、それが実体的なものというよりは、「反動的かつ反近代的」なものだとされている。つまり先に述べてきたように「アンティ」という特色が日本の右翼においても重要なのである。では「近代化」とは何を意味しているのだろうか。一般的には、合理化、啓蒙化、民主主義化、個人主義化、資本主義化、社会主義化、科学技術化、工業化、効率化、都市化、中央集権化、グローバル化といった言葉で特色づけられるような、西欧で生まれ一八世紀末あたりから本格化する社会変化の総称だと言えよう。ノルテの言うように、近代化とは、これらの現象が同時に進行することによって、封建的政治制度が崩壊するのみならず、ローカルな固有性や多様性、人々の生活のレベルで言えば、慣習や伝統、家族や共同体の変わらない結びつき（人が流動的でないがために）、親しみを感じている風景、こうした何百年も続いている前近代的な風景の消滅でもある。[13]

日本における「近代化」は、イギリスやフランスのように「内発的」になされたわけではない。それゆえ、日本の場合、右翼の登場は国内の近代化に対する反応というより、正確に言えば、外国から来る異物に対する内側の反応・変化として始まったというべきである。幕末の攘夷論にさかのぼれる右翼が強く「近代化」に反発したのは、そのような理由からであった。国家主義運動史研究のパイオニアである木下半治の古典的労作『日本国家主義運動史』によれば、日本における国粋主義・反動主義のイデオロギーは「鹿鳴館時代にみられる盲目的・無批判的な西欧模倣」が生みだす「浮薄《ふはく》〔ルビは著者、以下同〕な東西混婚による日本人種「改良論」」に対する、そして「日本古来の国粋と相容れない」自由民権運動に対する反動だとされる。[14]後に内務省警保局も「明治時代ニ於ケル国家主義運動ハ概ネ欧化主義ニ対シテ勃興シタル国粋保存運動」と戦時の「愛国運動」だと総括している。[15]日本の右翼結社の草分けである玄洋社（一八八〇（明治一三）年）、日本弘道会（一八八七（明治二〇）年）、黒龍会（一九〇一（明治三四）年）が、欧米化を急いだ明治政府に対する反動として誕生したことは言うまでもないだろう。

丸山眞男のよく知られる「日本ファシズム運動の歴史区分」に依拠してさらに検討してみよう。丸山は、第一次世界大戦後の右翼活動を「ファシズム運動」とみなした上で、第一期を第一次世界大戦が終わった頃から満州事変まで、第二期を満州事変から二・二六事件まで、第三期を二・二六事件以降から八・一五までの三期に分けた。そして、第二期を「左翼運動に対する反動という消極的なものから脱却して一つの社会運動としての性格を露呈」していった時期だとして「下からのファシズム」、第三期を国家機構、すなわち官僚・軍部、財界など支配階級による「上からのファシズム」と特徴づけた(16)。

この区分に対してさらに時代をこまかく分けるべきだという議論はあるが(17)、大枠においてこの区分はなお有効である。丸山の区分を基礎にして、さらに「体制的」と「反体制的」、「エリート的」と「大衆的」、そして「観念的」と「実践的」といった対立軸を重ねあわせると、「下からの大衆運動」で「実践的」「反体制的」、それゆえ破壊的な側面をもったファシズム（右翼）と、「上からの」「エリート中心」の「観念的」で「体制的」なファシズム（右翼）という二つの「理念型」が浮かびあがる。この時期の右翼運動は複雑で、ほかにもナチスを支持する親独派と、ナチスには否定的な純正日本主義派との対立や、東京帝国大学教授で近衛文麿のブレーンでもあった矢部貞治が言うような「革新右翼」と「観念右翼(18)」の区別など、具体的な対象を想定した類似の軸にも多少ずれながら重なる。

先の二つの「理念型」に戻って、これに合わせて実際の人物・団体を分類すれば、前者には北一輝、大川周明らの右翼思想家に影響された皇道派青年将校らが属するだろう。我々は本稿において彼らを「ラディカル右翼」と名づけておく。この勢力は「下から」の体制改革という点で社会主義に接近したり、逆に社会主義者が彼らに合流したりすることになる。

一方、後者には、金雞学院・国維会の系列に属する安岡正篤に影響された官僚たち、平沼騏一郎の国本社に所属していた司法関係者・財界・官僚、統制派の軍人、一部の軍上層部が属するだろう。彼らのイデオロギーは、「純日本主義的」傾向をもつ体制側のイデオロギーであり、こうした傾向をもつ官僚・司法・財界・軍部のそれぞれ指導的な地位を占める人物が集まり、横の連携を強化することによって、二・二六事件以降丸山の言う第三期の「現実の国家機構と一体化した」「上からのファシズム」が完成したということになる(19)。

保守主義と右翼の違いにも触れておく必要があろう(20)。戦後日本では、右翼は、保守主義の徹底、保守主義的な立場のラディカルな表われであるとされることもあるが、それは左翼側から見た視点で、そもそも右翼と保守は異なるものである。たとえば、戦前のように右翼が体制の革新・転換、さらには転覆を目指すとするならば、保守と対立関係にもなる。右翼思想家荒原朴水によれば、「右翼の右翼たる由因は、反共にあるのではなくて、国家改造のために身を挺して起つ」ことにあり、「議会主義をとるものをブルジョワ右翼革命、或は日和見的右翼革命」とみなすことになる。[21]保守主義は、ある程度、近代化が進んでいたとしても、現在の体制を守ろうとする立場であるが、右翼はすでに近代化されて風景が変わってしまった世界を逆の方向へ戻そうとするベクトルをもつ。その民族に古い千年王国の黄金時代があれば（後の時代にねつ造されたものであっても）、そこへ時間を戻そうとする。つまり右翼は腐敗・堕落してしまった社会を元に戻すという意味で現体制の転覆を企てるのである。しかも彼らは、荒原が言うように、保守と違って自民族・国家の救済のために、クーデタやテロという手段を肯定する。そしてそれにより自分が国家・民族の犠牲になって死ぬことさえ厭わないというラディカルさをもつ。反社会主義、反共産主義、国家主義という点で両者に共通点があっても、ここにおいて右翼と保守はむしろ対峙するのである。

第二次世界大戦後、右翼は体制の用心棒と化し、保守と右翼の違いが見えにくくなったが、戦前においては、北一輝や大川周明に影響された軍内部の国家改造熱をもった現役軍人たちが、実際にその改造計画を行動に移し、一九三一年の「三月事件」「十月事件」（いずれも未遂事件）、そして翌年二月、三月の「血盟団事件」、五月の「五・一五事件」によって、保守・体制側は、「ラディカル右翼」と敵対関係になる。一九三二年六月には、警視庁特高警察部の拡充に伴い「右傾団体」を担当する特高課第二係が新設、ついで三四年初頭には東京地裁検事局で、国家主義運動に関する思想犯罪を担当する「右翼思想部」（思想第二部）が設置され、[22]「ラディカル右翼」を取り締まる機構整備が行われた。それは、内務省警保局が毎年発行していた『社会運動の状況』の一九三二年版から右翼組織に対する項目を加えたことにも表れている。[23]

3　第一次世界大戦後の「イデオロギーの内戦」

右翼を近代化に対する反動であると広義に定義するならば、具体的に近代のどのような出来事に対して反発しているのかを見ていくことは重要である。[24]大まかに分ければ、以下のように分けることができる。(一)第一次世界大戦以前は政府の直接的な欧化政策に対する反動、(二)第一次世界大戦から一九二〇年代の後半にいたる時期においては、ロシア革命を背景にした国内の社会運動の勃興に対する反動、(三)二〇年代後半からは経済恐慌を背景に、資本主義や財閥に対する、(四)同じころ、軍人の減俸を決め、対中積極政策を修正し、ロンドン海軍軍縮条約を交渉・調印した民政党内閣(最終的には政友会を含めて政党政治全体)に対する反動、(五)三〇年代後半には、体制側の組織の肥大した危機意識が生みだした「想像の敵」(後述)に対する反動と分けられるであろう。

これは最近しばしば議論される「右翼の対外認識[25]」という主題とも重なる。右翼が国内で批判する勢力とは、欧州の特定の国の政治・政策・思想・文化に影響を受けた、近代化の名のもとに国内を変革しようとする勢力である。それゆえ、(二)については、反ソ連につながり、(三)(四)については、国際協調を推進するリベラルな親英米派の路線なので、反英米につながってくる。また日本の右翼の特徴である汎アジア主義的イデオロギーは、アジアを植民地化している英国に対する批判につながっている。構造的には、日本の近代化とは欧米化と同義であり、したがって、この時代、右翼の攻撃目標は、欧米の特定の国家に関連していたことは確認しておくべきである。こうした図式を踏まえてさらに流れを追っていこう。

第一次世界大戦後、一九一九年から二〇年ころ、従来の国粋主義的な傾向をもった玄洋社や黒龍会とは異なる右翼団体が急激に増えてくる。ここにおいて右翼は新しい時代に入ったといわれる。この背景には、第一次世界大戦をきっかけとして、資本主義が飛躍的に発展を遂げ、資本の集中・独占が進んだため、各地で社会主義運動、労働運動が爆発的に起きたということがある。一九一八年七月、富山県から始まって全国に波及した米騒動はそのきっかけとなった。クリスチャンの鈴木文治が作った労働者の親睦団体であった友愛会は、第一次世界大戦下で急増していた労働争議に関わり左傾化し、一九年に全国組織（ナショナルセンター）となって大日本労働総同盟友愛会となった。さらに二一年には名称を日本労働総同盟と改称し、労使協調路線から階級闘争路線に急進的に方向を転換する。社会主義運動は大逆事件以降しばらく冬の時代となっていたが、二〇年八月、こうした流れのなかで、各種の思想団体を網羅するかたちで山川均、堺利彦を中心に日本社会主義同盟が結成された。

同じころ、農村では小作料引き下げを求める小作争議の件数がいちじるしく増え、全国組織である日本農民組合が結成された。平塚らいてう、市川房枝らの新婦人協会設立、部落解放運動の中核となる全国水平社創立大会の開催もこのころである。日本の社会運動、社会主義運動はこの時期いっせいに花開いたのである。

こうした運動の興隆の背景に、大戦後の欧州の自由主義的思潮の復活、ドイツのワイマール・デモクラシーの勃興と並んで、ロシア革命と各国の共産党を支部として世界革命を目指すとされた、一九一九年のコミンテルン創設があったことは言うまでもない。アメリカで片山潜と行動をともにしていた近藤栄蔵が、米騒動のニュースを聞いて共産党を結成して革命を行うことを決意して帰国したのはこの年である。二一年四月には、コミンテルンと連絡を取りながら、堺利彦を委員長としたコミンテルン日本支部準備会が秘密裏に結成された。さらに徳田球一、高瀬清らがモスクワで開かれた極東民族大会に参加し、スターリンの指示を受けて帰国すると、翌年の七月に第一次共産党が誕生した。そして一一月、コミンテルン第四回大会でコミンテルン日本支部・日本共産党として正式に承認されることになったのである。[26]

まさにこうした海外での出来事と連動した各種社会主義運動の勃興に対する危機感からいわゆる「赤化」に対抗する右翼運動が大正末期に続出した。この運動は暴力や集団的威嚇など非合法的な手段を特徴とするものであった。この時期に生まれた代表的な右翼団体を挙げるとすれば何といっても、北一輝が大川周明・満川亀太郎とともに作った一九一九年設立の「猶存社」が挙げられる。猶存社の中心的なスローガンは日本帝国の改造とアジア民族の解放であった。丸山眞男いわくここにおいて「国内改造と国際的主張とを一本に結ぶ本来のファシズム・イデオロギーが明白に現われる」[27]ようになったのである。綱領には「反共産主義」という文言は見当たらない。だが下部の団体員の実際の活動を見ると、ソ連の外交官ヨッフェ（Adolf Abramovich Ioffe）来日の際には、ほかの右翼団体とともに反対運動を展開している。[28]「猶存社」という名称は、「挙世滔々《とうとう》とした「赤化」の濁流のうちにあって、日本の国粋ここになお存すとの気概を示」すために付けられたものだという。[29]

猶存社ほど思想性がないが、小作争議や労働争議に直接介入し、左翼運動を実際につぶしにかかった団体としては、「大正赤心団」「大日本皇道義会」（一九一八年）、「大日本国粋会」「関東国粋会」（一九年）、「赤化防止団」（二二年）、時代はこれらよりすこし後になるがムッソリーニに影響され黒シャツを制服としていた「大日本正義団」（二五年）などがある。[30]これらの団体は、「…直接に社会主義運動撲滅を使命として生まれた反プロレタリア的暴力団」[31]で、スト破り、労働組合・農民組合・水平社への暴力的な襲撃などを行ったが、積極的な改造計画をもたず、「ファシズム組織というより単純な反動団体」[32]というべきものであった。

第一次世界大戦後の数年間、おそらくは二〇年代半ばまでは、労働組合、社会運動団体、社会主義政党などの左翼と民間の右翼団体との議会外での暴力的な「イデオロギーの内戦」が展開されたのである。だが、この「イデオロギーの内戦」は、あくまでも体制側の「リベラルなシステム」[33]の枠のなかで行われていたのであって、右翼自身も任侠的な暴力は振るうが、国家改造計画を具体化するといった真のラディカルさをまだもちあわせていなかった。

4　急進化するイデオロギー

一九二〇年代、体制を支配していたイデオロギーは、ワシントン体制下、英米との協調路線をとった西園寺公望や幣原喜重郎らの保守・リベラルイデオロギーであった。体制側は、二〇年代半ばまで、民間右翼と左翼勢力とのあいだの「イデオロギーの内戦」をコントロールできる状態だった。だが、二〇年代の後半から金融恐慌や世界恐慌によって問題が表面化すると、穏健な保守派・リベラル派の政治家は、それに対して有効な手立てを打つことができなくなっていく。

一九二七年、若槻礼次郎内閣のときに起きた金融恐慌によって、多くの銀行・企業が倒産した。一方、独占資本はますます資本を集中させ、日本全体が金融資本によって覆われ、その結果農村においても土地の兼併過程が進んだ。総辞職した若槻内閣の後を受けた田中義一内閣は、産業の合理化を推しすすめたため、多くの失業者を生みだした。こうした状況下、労働争議が頻発し、二八年に三九七件だった争議件数は二九年には五七六件、三〇年に九〇六件、三一年にピークを迎えて九九八件と増加した（参加人数は三〇年の八万一三二九人が最高となった）[34]。一九三〇年から三一年にかけて、鐘紡や東洋モスリンの争議など日本の労働運動史の上に名を留めるような大争議が数多く起きた。

しかし、資本家はこの間の経験でストライキを切り崩す術を学び、もっとも労働者の力となる団結にくさびを入れ、労働者を分断させることに成功した。また田中内閣のもと、二八年六月には最高刑を死刑とする治安維持法の改正が緊急勅令によってなされ、労働運動・農民運動を支える活動家に対する弾圧が強まった。改正前の二八年の三・一五事件についで、改正後の翌年の四・一六事件によって全国規模で幹部をはじめとして共産党員約七〇〇名が検挙され、党は多くの活動家を失った。残された経験の浅い、若い共産党員は、追いつめられて過激化し、「武装闘争」を肯定し、各地で警察を標的としたテロを起こした。三〇年のメーデーでは、ピストル・短刀・竹槍などで武装し、警察のみならず、メーデーの実行委員会とも大乱闘を引きおこすといった事件（「武装メーデー事件」）が起きた。共産主義系労働組合員数は二七年の三万九〇〇〇人をピークに、二八年に一万一〇〇〇人、三三年に二〇〇〇人、そして三五年には二〇〇人と激減することになった[35]。

こうしたなか大日本正義団など一部の民間右翼団体は、争議の切りくずしに加わったが、彼らの攻撃の矛先は労働運動だけではなかった。むしろ左翼と同じ階級的な視点に立って、金融財閥そして政党政治家に向かうようになっていく。血盟団の井上日召らが狙いを定めた相手は、共産主義者や社会主義者ではなく、体制側の政友会総裁犬養毅、民政党総裁若槻礼次郎、前外務大臣幣原喜重郎、前大蔵大臣井上準之助、三井合名会社筆頭常務理事池田成彬、三井合名会社理事長団琢磨、三菱当主岩崎小弥太、枢密院議長伊東巳代治、内大臣牧野伸顕、元老西園寺公望ら政党政治家（民政党であろうと政友会であろうと政党人そのものが狙われた）・財閥・重臣などであった。一九三二年の陸・海軍の青年将校と愛郷塾関係者によって引きおこされた五・一五事件では、首相官邸、内大臣官邸、立憲政友会本部、警視庁、日本銀行、三菱銀行、市内五発電所が襲撃の対象となり、犬養毅首相が射殺された。そのほか神兵隊事件など未遂に終わったものを含め、これらの時期の右翼の標的は、エスタブリッシュメントであり、それを支えている政党、そしてそれらを傀儡とする財閥であった。また内政のみならず外交的にも、右翼は、日本に軍縮を迫る英米に対して軟弱な外交を推しすすめているように思えた親英米派の保守リベラル派を認めるわけにはいかなかった。このとき右翼の敵は、ソ連と関係をもつ左翼ではなく、英米と価値観を共有する政治家と資本家だった。

昭和の初めに経済恐慌が起きてから右翼団体数は急激に増え、満州事変以降倍増し、一九三二年末には一九六団体にまで達しているが[36]、この時期の主要な右翼団体の綱領を見ると以前の団体と比べて英米と協調路線を推しすすめる政治家と資本家批判の色彩が強いことがわかる。反共産主義を主張する団体は減り、今までにはなかった資本家・財閥、そして資本主義そのものに対する批判が見られるようになる。いくつか拾ってみよう。

一九二九年一月、顧問に右翼の重鎮頭山満、内田良平、統制委員長に西田税といった役者をそろえて日本国民党が設立されている[37]。この党は日本で最初の組織的国家主義団体であるが、「綱領」にも「政綱」にも反共的な内容のものは見られない。それどころか、その「政綱」においては「財産土地の無制限的私有に対する限度制の確立を期す」「重要生産業の国家的統一を期す」「階級的制度組織を改革して国民生存権の確立を期す」「農民・労働者及小市民大衆の生活権の擁護を期す」とされており、社会主義政党と見紛うほどである。[38]

三〇年二月に設立された愛国勤労党の「綱領」には、「吾党は資本主義の傀儡たる特権政党と国性を無視せる無産政党とに鋭く対立し、之が克服を期す」「吾党は天皇と国民大衆との間に介在する一切の不当なる中間勢力を排撃し、一君万民君民一家の大義に基き搾取なき国家の建設を期す」とある。[39]ここでいう「一君万民」の概念は重要である。というのも、「一君万民」の思想の構造こそが、国内外問わず革命の思想となって歴史を変えてきたからである。階層秩序をもったカトリック教会の権威を否定して神と直接結びつこうとしたプロテスタントの宗教改革も構造的には同じである。日本では後に二・二六事件を引きおこした将校たちの行動を支える思想構造ともなった。彼らは、超越的な天皇の下、国民はみな平等であるべきなのに、「君側の奸」により、それが妨げられているとみなし、天皇の御親政を求めたのである。

全日本愛国者共同闘争協議会（以下日協）と大日本生産党についても見ておく。両党は、丸山眞男が「分散的な右翼運動をもっと統一的な政治力にしよう」とした点で、そして「ファシズム運動が単に左翼運動に対する反動という消極的なものから脱却して一つの社会運動として性格を露呈して来る」ことになった点で、「エポックを画する」とみなした団体である。[40]前者は満州事変直前の一九三一年三月に結成され、従来の日本国家主義の運動の三つの系列、玄洋社系、猶存社系、経綸学盟系を結びつけ、多くの団体を吸収し、さらには青年部を充実させた。日協の「綱領」は三項目あり、そのうち二つが資本主義批判である。「我等は産業大権の確立により資本主義の打倒を期す」「我等は国内階級対立を克服し国威の世界的発揚を期す」とじつにストレートに表現している。[41]

大日本生産党は同じ年の六月に大阪の中之島公会堂で結党大会が行われ、しだいに勢力を拡大し東京に進出した。一一月に東京で行われた全国大会では一八団体が結集した。結党大会で総裁となった黒龍会の内田良平は「新日本の建設には大日本主義を以て国家の経綸を行ふにある、而して新日本を建設するは支配階級に非らずして被支配階級である……[42]」と述べ、下からの革命であることを強調した。結成大会の後、満州事変がおこり、翌年満州国ができると、即時承認の声明書を出し、非常時経済対策として「金融国営を断行し資本の分配を不偏ならしめ産業の統制と振興を期する事」、失業者問題、貧困問題解決のために「国家は各種公営事業を起さしめ失業者を無からしむること」などという方針を掲げた。(43) 三二年二月には第三次普選総選挙に向けて三一項目よりなる具体的な「政策」を発表した。その「政治」の項目には、共産党など左翼勢力「撃滅」も見られるが、「金融寡頭政治の打破」「金融財閥の寄生虫、政民両党の排撃」といったものや、九つある「経済」項目のなかには「亡国的資本主義経済組織の根本的改廃」「生産者立国の国家統制新経済政策確立」「我利的金融資本家打倒、金融機関の国家管理」「産業の国家本位的統制」「労働権の保障、耕作権の確立、居住権の保障」、さらに「社会」の項目においては「一切の階級的利己主義排撃」「一切の労働者に対する失業・疾病・災害保険制度の確立」といった社会主義政策が右翼的な言辞のなかに埋めこまれていた。(44)

一九三二年に起きた五・一五事件の結果、犬養毅内閣が倒れ、斎藤実内閣が成立すると、斎藤内閣反対の決議とともに、大日本生産党から次のような声明書が出された。

……曩《さき》に井上前蔵相、団琢磨男爵等の暗殺に引続き、蘇我の入鹿以来の珍事たる犬養首相殺害五月一五日事件勃発の根本的原因は、咸何れも破産に瀕する亡国的資本主義制度下に於ける政党政治の腐敗と、財務官僚等の特権支配階級の横暴に対する国民的憤激の表現であり刻下の急務はかかる党弊の徹底的打破と、国家経済機構の根本的大改革を断行し、国民生活の安定を図るにある。(45)

さて以上の右翼がもっていた腐敗した政党政治に対する批判、貧富の格差に対する批判、先の「一君万民」といった平等思想、さらに白人によるアジアの植民地支配からの解放という左翼と共通する思想は、地方の農村の困窮を知っている中間層ないし比較的下層の出身である陸海軍の青年将校の意識を覚醒させた。そして理論的支柱だった北一輝や大川周明らはその革命理論の実践力を軍に求め、積極的に佐官級将校に接近した。左翼革命思想との親和性、そしてその担い手が幕僚ではなく隊付き将校であったことが右翼にラディカルさを与えることになった。彼らの手によるテロが実行に移されたとき、リベラル・保守イデオロギーは弱体化し、ついには政治の舞台から退くことになったのである。

5 「イデオロギーの内戦」の終結と「想像の敵」

ロシア革命以降一九二〇年代後半までの民間右翼と労働組合など左翼との乱闘、そして二〇年代後半から三〇年代初めにかけての民間右翼と体制側のリベラルイデオロギーとの対立といった「イデオロギーの内戦」の諸相について見てきた。その後も体制側による社会運動への取り締まりは終始継続的に行われていたが、しだいに国家の治安維持という側面を逸脱し、右翼イデオロギーを受容することによって、体制そのものがイデオロギー的になり、その結果、全体主義的な傾向が強まっていく。これについては、平沼騏一郎の国本社、(46)文部省にも在籍した東洋学者安岡正篤の金雞学院・国維会などに属していた官僚たちの影響力が大きかった。

平沼はまずもって「赤を潰す」(47)ことに努めたが、彼の国粋主義はそれにとどまらず民主主義、ファシズムなどあらゆる外来思想を敵視する徹底ぶりだった。一方、猶存社、行地社など大戦後の中心的な右翼団体を渡りあるいた安岡は、北一輝や大川周明らとは異なる道を歩み、北や大川が「下からのファシズム」の理論的な支柱になったのに対して、おもに官僚に大きな影響力を及ぼし、「上からのファシズム」を精神的な側面から支えた。一九二七年金雞学院の学監として招かれた安岡は、大戦後の日本の伝統的な道徳・風教の頽廃に危機意識を抱き、儒教を中心とした「東洋聖賢」の学を学ぶことによって「日本民族精神並に国体と治道を研究」し、官公吏、教員、青年団、学生等の修養に場を提供した（設立趣旨・目的より）(48)。こうした趣旨をもって始まった金雞学院は、とりわけ官界に影響を与え三三年には会員一万人を超えるにいたった。

満州事変後の一九三二年一月には、金雞学院の関係者を中心として、内憂外患の日本社会を立てなおすという目的をもって国維会が結成された。その「趣旨」において、「……共産主義インターナショナルの横行を擅《ほしいまま》にせしめず、排他的ショーヴィニズムの跋扈《ばっこ》を漫《すぞろ》にせしめず、日本精神に依って内・政教の威信を図り、外・善隣の誼《けん》を修め、以て真個《しんこ》の国際昭和を実現せんことを期す(49)」とされ、共産主義も暴力的な右翼運動も否定した上で「日本精神」を強調した。

当初の理事には、発起人である近衛文麿（貴族院議員）をはじめとして、酒井忠正（貴族院議員）、岡部長景（外務官僚出身、貴族院議員）、大島辰次郎（内務官僚）、吉田茂（内務官僚出身）、松本学（内務官僚）、後藤文夫（内務官僚出身、貴族院議員）、香坂昌康（内務官僚）が就いた。郷誠之助、池田成彬、結城豊太郎など財界人、当時陸軍大臣だった荒木貞夫も関わっていたが、その中心は後にいわゆる「新官僚」と呼ばれるような内務官僚だった(50)。官僚である彼らは、本来非イデオロギー性を求められる立場にあったが、国家の危機を救うという大義をかかげて右翼イデオロギーを内面化し、自身が「イデオロギーの内戦」の重要なアクターと化した。

さて安岡正篤らと国維会を結成した松本学が、一九三二年の五・一五事件の直後、特別高等警察の元締めである警保局長になると（三四年七月まで）、共産党に対する弾圧はいっそう積極的に行われた。治安維持法による左翼の検挙・起訴数は松本の在任期間にピークに達した(51)。松本は、人事に抜擢主義をとり、山形の学務部長に左遷されていた、大陸で共産主義運動係の事務官を務めた経験がある安倍源基を初めて警視庁に置かれた特高部長に、鳥取県の警察部長だった橋本清吉を警視庁の刑事部長に、愛知県の警察部長だった萱場軍蔵を警保局の保安課長（勅任官）に引きあげて取り締まりを強化し（三人とも後に警保局長となる）(52)、さらに全国に広がった国維会のメンバーと協力して(53)、全国規模で共産主義根絶を目指した。安岡の主唱する「日本主義思想」が地方官僚と内務省中央を一元化する統合理念として受容されたのである(54)。上昇志向の強い官僚にとって国維会加入は出世の早道でもあった。

松本が警保局長在任中の一九三二年十月に起きた熱海事件では共産党員の多くが検挙され、三三年には獄中にあって最高指導者だった佐野学、鍋山貞親が転向声明を出すと、党員はなだれを打って転向を表明した。追いつめられた残りの党員も、官憲の放ったスパイが潜入し、相互に疑心暗鬼となり、リンチ事件を引きおこすなど内部からも崩壊していった。松本在任中には、ほかにも司法官赤化事件（三二〜三三年）、三三年には長野県教員赤化事件（二・四事件）、「赤化華族」事件、拷問の末の小林多喜二の獄中死、瀧川事件などが連続して起きた。そしてあらたな左翼分子も松本の言う「思想対策[55]」「文化政策[56]」によって完全に封じこめられたのである。

一九三五年三月、最後に残った中央委員袴田里見が検挙されると、日本共産党中央部は壊滅状態となり、金雞学院、国維会の思想的影響下にあって右傾化した内務省[57]と共産主義者との「イデオロギーの内戦」は、完全に内務省の勝利に終わる。党員にはもはや亡命か、転向か、あるいは獄中死しか選択は残されていなかった。同年、警保局は「……遂に党組織は殆んど潰滅に瀕し、他面（ためん）全協其の他外郭団体の運動亦《また》極度に衰微《すいび》するに至り、茲《ここ》に我国共産主義運動は未だ曾てなき委縮不振の状態に陥れり[58]」と勝利宣言するに至ったのである。

しかし、勝利宣言をしたにもかかわらず、その後も内務省の左翼イデオロギーに対する戦いは続いた。三〇年代半ば、共産主義に対する攻撃は民間右翼の間で再び盛りあがってきた。三五年に美濃部達吉の天皇機関説が政治問題化すると、右翼は全国的に激しい排撃運動を展開し、当初学説については、口を挟むべきではないとしていた岡田首相も批判にさらされ、最終的に「国体明徴声明」を出さざるを得なくなった[59]。議会で口火を切った右翼の貴族院議員菊池武夫が問題にしたのは、天皇機関説がドイツからの輸入学問で日本のものではないという点であった。このころには、天皇機関説のような近代的な統治機構と日本主義を融合させるといった、本来であれば体制側の理論も許されなくなっていた。また、右翼団体のなかには、ソ連の『プラウダ』紙が長文の論文を掲げて「世界無比の日本専制憲法に勇敢に反抗したるは美濃部博士なり[60]」と絶賛していることを問題視する「声明書」が出されるなど、何かにつけ共産主義やソ連と結びつけて批判する者もいた。

その翌年の日独防共協定の締結は、先に述べたように軍事協定の意味合いの強いものであったが、右翼はコミンテルンのイデオロギー的脅威を真剣に訴えていた。天皇機関説批判でも活躍した右翼の大物、当時貴族院議員だった井田磐楠は、共産主義は日本精神とまったく相容れないとみなし[61]、共産主義国家ソ連に対抗するためには相手がナチスであろうとなかろうとドイツと結ぶのが必然だという議論を展開していた。主要な右翼団体は、このころほぼ「防共協定強化運動」に参加していた[62]。

井田は一九三七年五月に、「極悪共産主義を世界より駆逐する」[63]（設立趣意書）ことを目的に「国際反共連盟」を結成して、機関紙として『反共情報』を発行し、ソ連やコミンテルンの動向に関する情報に注視するとともに、防共精神が道徳に立脚すべきことを論じた。「ゲ・ペ・ウの拷問体験記」[64]といったような共産主義国家ソ連の実体を暴露する記事や、コミンテルンのイデオロギーがもたらす社会的脅威、たとえば家族制度の危機、道徳的危機などを訴える論文を積極的に掲載した。「国際反共連盟」の顧問には、頭山満と並んで近衛文麿、平沼騏一郎が就任し、その評議員には、民間の右翼だけではなく、著名な政治家、外交官、官僚、学者、軍人などが名を連ねた[65]。当時首相だった近衛は演説を文字に起こした「防共強化と新世界秩序の再建」という文章を『反共情報』に寄せているが[66]、終戦の年の二月に反共主義を基調とする「近衛上奏文」を上奏するに至っており[67]、ここでの彼の反共主義的な主張は、本音であったというべきであろう。

ところで、三〇年代後半、日中戦争における不拡大派や石原派の軍人の一部が「アカ」として特高に監視されたり、その後も企画院事件においてリベラルな調査官が逮捕されたりする事件が起きた。このころ国内の共産主義勢力が衰退していたにもかかわらず、なぜ内務官僚は、冤罪に近いような事件をでっち上げたり、民間右翼は共産主義に縁遠いような軍人や官僚を「アカ」として攻撃したりしたのだろうか。政敵を批判するのにそのような言葉が効き目があったということもあるが、おそらく、それだけではなく、右傾化した内務省が目に見えない共産主義の影を過剰に読みこんだという側面もあったのではなかろうか。右翼の存在根拠は、内側を脅かす外部にいる敵の存在であり、つねに彼らはそうした構造を必要としていたと言える。この時期イデオロギー的に肥大化していた内務省は、無意識のうちにあらたな敵を探しもとめた。またこのころには法律的にも治安維持法に「目的遂行罪」（結社の目的遂行のためにする行為一切を取り締まるもの）を加えることによって、共産主義運動を手助けした個人や団体にも治安維持法の適用範囲を広げていくことが可能になり、敵の範囲を広める法的条件はそろっていたのである。

しかし、そうした構造があるからといって、必ずしも実体のない幽霊を読みこんだというわけではなかろう。彼らが猜疑心を強めていった原因はおもに海外にあったとも言える。内なる世界を拡大した帝国は、海を越えて朝鮮半島、満州、中国など広範囲にわたって共産主義者の取り締まりを強化しなければならなかった。とりわけ国際都市上海で国内の党員がコミンテルン情報員との接触を図ることに神経をとがらせた。[68] 法律的には治安維持法は、領事裁判権を獲得している中国でも、在留「日本人」に対して適用されていたが、[69] 実際には、外地で取り締まることは難しかった。また当局は亡命した共産党員の動きにも警戒していた。一九三五年頃当局は、ソ連から帰国した高谷覚蔵の供述により、日本共産党と組織的関係を有しつつロシアに滞在する活動家として山本懸蔵、野坂参三、國崎定洞など三八名を確認していた。[70] モスクワから中国延安に送りこまれた野坂参三が、反戦日本人センターとして日本労農学校を設立し（四〇年三月）、そこに日本人捕虜を入校させ、思想教育を行った上で八路軍とともに戦場で日本軍の戦意を喪失させるような工作を行っていたことも知られていた。[71] こうした海外での動きを当局はつねに注視し、彼らと国内の左翼分子とのつながりを恐れたのである。

一九三五年に開催されたコミンテルン第七回世界大会において、ブルガリア共産党のゲオルギー・ディミトロフおよびイタリア共産党のエンリコ・エルコリの提案した「人民戦線路線」が採用されたことも大きかった。当局はさまざまなルートを通じて大会の状況把握に努めた。[72] 当局にとっては、「人民戦線路線」の採用が合法無産政党や社会民主主義者をも弾圧の対象に加える根拠となった。これによって彼らはすべて隠れた共産党員とみなされることになったのである。さらには井田のような右翼には、反ファッショ統一戦線が「日本に対する宣戦布告」とさえ感じられた。

すなわち中国に対して「不拡大方針」をとってきた「日本をして終に戦ふべく余儀なくせしめた」と思わせたのである。(73)

むすびにかえて

戦前日本は、一つのイデオロギー空間に支配された全体主義国家だったとみなされることがある。しかし、大日本帝国という空間のなかにおいても複数のイデオロギーが共存していた。むしろ憲法上の欠陥から、意図せず権力の多元性を生みだすところもあった。もちろん、イデオロギーに対する体制側の統制はあったが、明治以降西欧から入り、日本に根付きはじめたイデオロギーは、左右未分化のなおも流動的な状態にあったし、また法律的にもしばらくはそれを完全に取り締まる準備はなされなかった。一九二五年に治安維持法が施行された後でも、内務省警保局にとってそれは十分なものではなく、当局が望むような改正がなされるのは、最終的に四一年の改正を待たなければならなかった。それまでは検挙されても不起訴、起訴猶予になる事例が多かった。二八年から三七年にかけて当局によって「左翼」と分類された六万一六八五人が治安維持法違反で検挙されているが、そのうち起訴されたのは四四七九人で、この間の全体の起訴率は約七％にすぎない。(74)警保局が「左翼」を検挙しても、明らかな「国体の変革」「私有財産の否認」を目的としない限り、一部の極端な事例を除けば、司法においてはまだ左翼イデオロギーを認めざるを得なかったのである。こうした意味で公的な空間においてこの間複数のイデオロギーがなおも対立しつつ共存しており、「イデオロギーの内戦」の場面が展開されていたといってよい。治安維持法による「左翼」の起訴率から考えると、日本が全体主義国家になったと言えるのは、おそらく三八年以降であろう。この年いっきに起訴率は三〇％に跳ねあがり、その後三九年から記録がある四三年にかけて起訴率が三一％と高いままとなっているのは注目すべき点である。(75)

これより前に起きた一連の出来事からみてもそれは推測可能である。日本共産党中央部が壊滅したのが三五年三月、岡田内閣による第二次国体明徴声明が発表され、これによって日本主義国体論があらためて政府により確認されたのが同年十月、「ラディカル右翼」との最終決戦となった二・二六事件が翌年の二月、盧溝橋事件が三七年七月、この直後の十月に国民精神総動員運動が展開され、三八年四月には総力戦遂行のため議会の同意なく物資や労働力を動員することができる国家総動員法が制定されている。「イデオロギーの内戦」終了と外なる敵に対する総力戦準備は、一つに絡みあって、全体主義を生みだすにあたっての重要な契機となった。こうした出来事からすれば、左翼と民間右翼、左翼と体制内右翼、そして「ラディカル右翼」と体制内右翼との「イデオロギーの内戦」の時代が終結し、実質的に「日本主義イデオロギー」による全体主義的な空間が完成したのは、三八年前後だったという治安維持法による起訴率から導いた推論は正しいと言えるだろう。

すべての政党が合流した大政翼賛会設立（四〇年十月）のころには、全体主義国家はすでにできあがっていた。このころには、だれも疑問をもつことなく「バスに乗り遅れるな」とばかりに乗車したのである。こうしてできあがった全体主義国家に、自己否定の契機はない。「日本主義イデオロギー」から導き出される一方的な認識と論理しかもたない為政者たちは、国際的に重大な局面に直面しても、相手国の意志（他者）を考慮に入れて相互的にあるいは全体的に事態を認識することができず、責任ある解決策を打ちだすことはできなかった。戦争はこうした国家においては必然的な結果であったとも言える。

本稿では、反近代を掲げて、欧米に由来するイデオロギーに強く反応した右翼の動きが明治以降の日本の針路を方向付けるのに重要なファクターとなったとみなしてきた。本稿の範囲内で示せば、まず、ロシア革命・コミンテルン創設を背景にした日本の社会運動勃興に対して民間の右翼が強く反応した。二〇年代後半になると、自由主義・個人主義などを基調とするリベラルイデオロギーの広がりを背景に、経済恐慌、ロンドン海軍軍縮条約締結をきっかけとして資本主義、財閥そして政党に対して、民間右翼が反応した。これに軍の一部や転向した左翼が合流しいっそうラディカルとなった。ここに、観念的な「日本主義」を主張する金雞学院や国維会の影響によって右傾化していた官僚および統制派の幕僚軍人と、この革新的でラディカルな、左翼とも親和性がある民間右翼や一部の隊付き青年将校との右翼間の「イデオロギーの内戦」が生じたのである。

内務省は、共産党を三〇年代の半ばに壊滅状態に追いこみ、すこし遅れて「ラディカル右翼」も二・二六事件をもって国内では消滅した。こうした「イデオロギーの内戦」の終了によって「日本主義」イデオロギーによる全体主義化が完成した。だが、丸山眞男が言うように、その民間右翼や急進青年将校が引きおこしたテロは単なる「けいれん的な激発」だったわけではない。それは「その度毎に一層上からのファッショ化を促進する契機と」なり、「支配機構の内部から進行したファシズムは軍部、官僚を枢軸として、こういう急進ファッショの社会的エネルギーを跳躍台として一歩一歩自分のヘゲモニーを確立し」ていった。[76] その意味でラディカルなイデオロギーとそれに対する戦いは、逆から言えば、全体主義国家化を円滑に遂行するための必要な段階であったとも言える。

さて、「イデオロギーの内戦」という一つの理念的な概念装置によって、かなり長い期間にわたる、しかも複雑なこの時代の日本の反動右翼のラディカリズムを際立たせるといういささか強引とも言える試みを行った。その独自の問題の立て方について異論もあるだろう。その意味で本稿は試論というべきものである。ただし、それでもイデオロギーを個別に考えるのではなく、イデオロギーを関係性としてとらえ、そのなかでラディカリズムの現象を捉えること、そしてこの時代のラディカリズムを生みだしたのは共同体の変革をもたらそうとする外国に由来するコミュニズムや自由主義イデオロギーであるという点、そして、その歴史的な意味は、ラディカルなアクター自体の動きよりも、それに対するさらなる反動の動き、それがもたらした歴史的結果の方にあるという点は変わらないだろう。

第二部　「抵抗ラディカリズム」

第四章　政治を超えたラディカリスト　福本和夫

清水多吉

はじめに

一九八九年十一月九日、ベルリン市民の歓喜の歌声とともに、東西世界の分断の象徴であったあの「壁」がハンマーで打ちくずされた。これに伴って、当時のソ連・東欧社会主義国は雪崩に打たれたように全面崩壊した。その後、ソ連・東欧の社会主義と呼ばれた国々がどんなに民衆を抑圧する監視体制であったかが、次々と暴露される次第となった。それと同時に、世間の人々の社会主義一般に対する希望的イメージも崩れさった。今日になお残る中国、北朝鮮の社会主義に対して、人々は何の希望的観測観も懐かず、ただ冷笑的に対応しているだけであろう。

このような現状において、福本和夫があの「福本イズム」で一世を風靡しながら、「コミンテルン」の「二七年テーゼ」によって、一挙にその時代的意義を凋落せしめられた経過だけを追ってみても、今日的意義をほとんど見いだし得ないであろう。では、今日でもなお福本和夫の業績を尋ねようと思う理由は何であろうか。

それは、彼の前期においても後期においても認められる「人間性」を純粋に求めたその姿勢にあると思っている。前期においては、あのルカーチやコルシュに代表される「西欧マルクス主義者」たちに導かれてのことであった。この点は以下の本論でやや詳しく紹介するつもりである。とはいえ、限られた枚数であるため、そのエッセンスだけの紹介にとどまらざるを得ない。後期においては、福本和夫は前期の高い目線を捨て、民俗学者のあの柳田国男に導かれ、より低い目線に立って日本の近世、近代史を追究した。後期のこのより低い目線に立っての日本の近世、近代の各分野の追究においても、彼の基本的姿勢であるラジカルな「人間性」の追究の仕方に変りはなかったと、私は思っている。

従来の「福本和夫研究」はもっぱら彼の前期の思考と行動とに限られていた。彼の前期と後期とを通した研究がほとんどないことは残念でならない。かつて、私自身、このような「福本和夫研究」の動向に不満をもち、福本和夫氏宅をたびかさねて訪問し、彼の後期の諸著作についてお尋ねし、また、特に後期の日本美術史（特に「浮世絵」）研究については、この方面の専門家のご意見をも伺い、彼の後期の研究として『柳田国男の継承者福本和夫』（ミネルヴァ書房、二〇一四年）を上梓《じょうし》したことがある。諸賢のお目に触れていればさいわいである。

1　後年の「フランクフルト学派」の人たちとの交叉

福本和夫は明治二七年（一八九四年）、鳥取県東伯郡北栄町に生れている。実家は日本海に面した砂丘において綿花栽培で産をなしたというかなりの富農。県立倉吉中学から第一高等学校を経て、大正六年（一九一七年）、東大法学部政治学科に入学。

東大在学中、あの吉野作造や新渡戸稲造の講義を受けかなり感銘を受けたらしい。これに対して、当時、極右的思想の下に憲法学を講じていた上杉慎吉の講義はかなり苦手であったとのこと。こういった雰囲気の学生なら、大正七年に結成され、以後、多くの左翼知識人を輩出することになるあの東大「新人会」に入会してもよさそうなのだが、彼は入会していない。ということは、彼は典型的な学究肌の学生であった、ということであろうか。大正九年（一九二〇年）、東大を卒業、同時に大学院に籍を置きながら、旧制松江高等学校の教授を務めることになる。

彼の在学中は、いわゆる「大正デモクラシー」の最盛期であった。したがって、彼もまた当時、もっとも流行していたイプセンの文学、鋭い社会問題を提起していたあの文学に親しみ、また、ラッセルの社会改造論やコールのギルド・ソシャリズムなどにも関心を寄せていたという。この時期はまた、労働争議や小作争議が頻発していた時期でもあった。これらの争議をリードしていたのは、大杉栄らの「アナルコ・サンディカリズム」と山川均らの「コミュニズム」とであった。ただし、ソ連の「コミンテルン」の指示を受けていたとはいえ、この時期の「コミュニズム」は、その内容上、まだまだ未熟なものであった。当時、これらの争議をリードしていたのは、大杉栄の個人的魅力に支えられて「アナルコ・サンディカリズム」の方であったと言っていい。そのうえ、彼らの主張によれば、労働者の解放は政党や議会に頼ることのない労働者の自己解放であるべきである。したがって、労働組合による生産拠点の占拠がなされるべきであり、そのうえで、各組合の自由連合によって国家形態に代わる組織が作られるべきだというのである。ということになれば、そのことの当否は別として、彼ら「アナルコ・サンディカリスト」の主張は、「大正デモクラシー」的雰囲気にはピッタリであったと思われるからである。

このような雰囲気の下で、日本共産党が大正十一年（一九二二年）七月、秘密裡に結成されていた。しかし、その勢力などは微々たるものであった。そこで、当時の共産党を主導していた山川均は、少数党による非合法活動ではなく、大衆との結合を計る合法運動への方向転換を計るべきだとする考え方に傾くようになる。これが、「解党」し「方向転換」を主張する「山川イズム」と呼ばれたものである。

ところで、学究肌の福本和夫は、これらの世間的動向に関心はもっていただろうが、それらに関わることなく、大正十一年（一九二二年）三月、文部省官費留学生として渡欧することになる。当時、第一次世界大戦後の敗戦国ドイツは極度のインフレに悩まされており、戦勝国日本人は大手をふるってドイツ留学ができたものであった。同じ時期、九鬼周造、三木清、羽仁五郎らもドイツに留学している。

ドイツに渡った福本和夫は、イェーナ大学の講師をしていたカール・コルシュの塾に赴く。コルシュは大学の講師の収入では生活ができなかったためか、自宅で私塾を開いていたそうである。この私塾で、福本和夫はドイツの現状から、ドイツ思想の基本的諸問題（多分、マルクス主義やら弁証法にまつわる諸問題等々）に至る最近の知識を教えこまれたのであろう。これらは、当時の日本の大学では得られない最新の知識であったはずである。

そうこうしているうち、一九二三年の夏、チェーリンゲンのイルメナウ（あのイェーナ市の近くである）という所で、「マルクス主義研究週間」が開かれることになり、福本和夫もコルシュに伴われて参加することになる。この会場になった大きな農家風の屋敷についての思い出は——私に語ったところによると——何か石竹の花のようなものが紅と白とでうつくしく咲いていている入口があったとのこと。

イルメナウでのこの「研究週間」は、実は、現代思想史を語るに当たっては、画期的な会合となるものであった。というのも、この会合は「ソ連系マルクス主義」と対決する「西欧系マルクス主義」者たちの初めての会合であり、やがて、この会合のなかから戦後思想史に屹立することになるあの「フランクフルト学派」も生まれてくることになるからである。この会合の出席者は、後年、この学派の研究者M・ジェイの著作『弁証法的想像力』によると、次の通りであったという。

G・ルカーチ、K・コルシュ、R・ゾルゲ、F・ポロック、K・A・ヴィトフォーゲル、B・フォガラシ、K・ツェトキンなど。

ジェイのこの著作には福本和夫の名前はない。ところが後年の一九七三年、「フランクフルト学派」創立五〇周年記念集会がフランクフルト大学で開かれたとき、この学派への財政的支援者であったF・ヴァイルが発言し、あのとき、一人の日本人が参加していたはずであるが、残念ながら彼の名前を失念してしまっていると語ったのだそうである。

この五〇周年記念集会に、またしても日本からの留学生八木紀一郎氏（後、京大教授）が出席しておられた。同氏から日本の社会思想史学会にその人物の調査依頼が届いた。私自身が調査に乗りだし、その人物が藤沢市に住んでおられた最晩年の福本和夫氏であることを突き止めた。そしてまた、しばらくして、同じ八木紀一郎氏からF・ヴァイルが撮影したという二枚の写真が届けられた。この写真は、もちろん、出席者のすべてに配られたものであろうが、その後のドイツ社会の激動のなかで皆が忘れてしまっていたものだそうである。ところが、戦後の落ちついたドイツ社会のなかで、あのときの「会合」の意味がふたたび見いだされる雰囲気になって来たとき、あのコルシュの未亡人ヘッダ・コルシュ（彼女自身もあの会合に出席していた）が、長いあいだ、篋底《きょうてい》にしまい込んで忘れていた二枚の写真を思い出して、公表したものだという。そのうちの一枚の写真の下部中央で寝そべるようなコルシュの脇の女傑がヘッダ・コルシュであろうか。

この写真を呈示されながら、福本和夫が私に語った話によると、ルカーチは口数が少なく、万事控え目であったとのこと。それもそのはずである。このとき、ルカーチはハンガリー革命に失敗し、ドイツに亡命してきていたので、いささかの遠慮も働いていたのかもしれない。この場で、福本はルカーチから新刊の『歴史と階級意識』（一九二三年刊）の贈呈を受けている。それに対して、福本を伴ってこの「会合」に出席したコルシュは、よく喋り、出席者のすべての人に愛想よく振舞っていたとのこと。それもそのはずである。この「会合」での主要討論のテーマのひとつが、コルシュの完成原稿のあの『マルクス主義と哲学』（一九二三年後半に刊行）であったからである。福本はコルシュからこの書の新刊本の贈呈も受けている。

その他、写真左端のハンサム・ボーイであるヴィトフォーゲルは、やがて例の「アジア的生産様式論」で名をなし、日本にもやってくることになるが、このときはまだその片鱗さえ見せていなかったので、福本の印象は薄かったようである。ところで、中央のジャケット姿の大男は、あのリヒアルト・ゾルゲである。周知の通り、その後、ゾルゲは親ナチのジャーナリストと偽って来日し、当時の日本軍部の最高秘密事項（日本軍南進、したがって北方への展開の意図なしという事項）をスッパ抜き、ソ連当局に通報したのであった。その結果、あの「ゾルゲ事件」（昭和十六年十月）の主謀者として、刑死することになる。ところが、この「会合」でのゾルゲは、ほとんど発言しなかったらしく、福本和夫の印象にはまったく残っていなかった。もし、あのとき、福本がこのゾルゲと親しく交わっていたとしたら？　ということで、福本和夫と私たちのあいだの「笑い話」は、後ほど紹介してみよう。

私のこの報告にいささか資料的価値も持たせたいため、この「会合」での福本を中心とした人間関係の紹介に手間取ったようである。次に、この「会合」で問われていた問題が何であったかについて述べておかなければなるまい。とはいえ、この「会合」での討論の記録は残されていないので、ルカーチとコルシュの当時の著作から推測する以後にはない。

両者ともヘーゲル的「弁証法」をたかく評価している。もちろん、当時のソ連マルクス主義も「弁証法」を評価してはいる。しかし、それは唯物論的に転倒されたかぎりでの評価であった。しかし、ルカーチはヘーゲル的「弁証法」を駆使して資本主義社会における人間存在の「物象化」現象を鋭く批判した。これに対して、同じくヘーゲル的「弁証法」をたかく評価しながらもコルシュの場合は、より実践的活動家の立場を固持していた。彼は当時チューリンゲン州の司法担当委員の立場にあったのである。その上で、コルシュの立場は、「生産手段の社会化」を通して社会主義の実現、人間の解放を目指そうとしていた。この点で彼の立場はレーニン主義と対決したローザ・ルクセンブルク主義に近いと評価する人もいる。それはともあれ、「プロレタリアートの独裁」を謳いながら、その実、「党の独裁」に過ぎず、むしろ「プロレタリアート」に対しては抑圧的態度で臨んでいる当時のソ連体制に対して、これまた鋭い批判を投げかける態度であった。このような立場をとっていたため、この「会合」に集まった人々が「西欧マルクス主義者」と呼ばれるようになったのは、当然と言えば、当然のことであった。

2　論壇に登場――「山川イズム」を批判

後年、コルシュはある人物に宛てた書簡のなかで、福本和夫のことを「私の最も優れた生徒」とまで書きしるしている。コルシュからそのように評価されていた福本和夫は、イルメナウでのあの体験の後、フランスに移り、六か月ほどのパリ滞在の後、帰国する。パリ滞在中は同郷出身の画家前田寛治と親しく交わりつつ、ドイツで買いこんできた数百冊の書籍のカタログ作りに精を出している。このときのカタログは彼の死後、神奈川近代文学館に寄贈されている。あのルカーチやコルシュからの寄贈書籍には二重囲いの印がされているらしいが、今もって公表されていないのはどうしたことであろうか。

大正十三年（一九二四年）八月、福本和夫は帰国する。マルセイユから乗船した香取丸には、同じく帰国する宇野弘蔵夫妻も乗りこんでいたらしい。やがてマルクス経済学上、宇野理論で令名をはせることになる宇野弘蔵もこのときは、ドイツで最新の知識を仕入れてきた福本和夫の話に、ただただ聞きいるばかりであったそうである。宇野弘蔵はこのときの福本和夫の話によほど感じいったものと思われる。福本がやがて逮捕されながい獄中生活の後、釈放され、戦後の苦しい生活のなかで書きあげた『日本捕鯨史話』出版の労をとってくれたのは、東大教授におさまっていた宇野弘蔵であったとのこと。

大正十三年（一九二四年）に帰国した福本和夫は、さかんな論文活動にとりかかる。発表した雑誌は、一応、合法誌の『マルクス主義』というものであった。実はこの雑誌は第一次日本共産党の残した合法誌であった。この第一次共産党というのは、大正十一年に結成され、翌十二年のあの関東大震災に際して大弾圧を受け、大正十三年春に解党してしまっていた党であった。ところで、この党を主宰していたのは、なんとあの山川均であった。したがって雑誌『マルクス主義』もまた、一応、山川均の管轄下の雑誌ではあった。しかし、実際はもっとわかい実務者が編集していたらしい。福本和夫は、この雑誌に計十四本もの論文を寄せている。

これらの論文のなかで福本和夫が語ったことの内容は、弁証法に基づいて、プロレタリアートの階級的利益の追求が同時にすべての階級的利益を揚棄することによって、「人間的解放」を実現することにあるのだ、というものであった[1]（『社会構成並びに変革の過程』より）。これまでも、資本主義の必然的崩壊を主張する論理はあった。それはせいぜい、マルクスの価値観を読みこんでの主張でしかなかった。「西欧マルクス主義」の影響をもろに受けた福本の以上のような主張は、当時、非常に新鮮な驚きと好意をもって迎えいれられたものである。

このような雰囲気のもとで、大正十四年（一九二五年）十一月、京大学友会は連続講演会「進化論」講座の講師の一人として福本和夫を招聘する。この連続講演会の表題「進化論」が示しているように、大正末期まではマルクス主義もまた「進化論」の一形態だと考えられていたのである。特に日本では、あの明治中期の外山正一や加藤弘之らの右派的「社会進化論」、板垣退助らの左派的「社会進化論」の両者ともども、この論は一般的思想として受けいれられ定着していたのである。

このような表題の講演会に招かれた福本和夫は、当然のことながらマルクス主義は進化論とは違うということから話し始め、マルクス主義は「弁証法」に基づく社会変革の論理だということを諄々《じゅんじゅん》と説いていった。しかるに、すでにマルクス主義は紹介されており、社会運動のひとつにもなっていながら、いかにマルクス主義が「弁証法」に貫かれた「人間解放」の論理であるかを主張する論者が少なかったことか、ということにまで説きおよんだ。

この講演会にはあの『貧乏物語』（大正六年刊）で有名になっていた河上肇教授も臨席していた。彼の社会分析は、一応、マルクス主義に従っていたが、貧乏の救済にはある種のたかみに立った宗教的倫理に依っていた。したがって、わかい講師の福本和夫から、従来の日本のマルクス主義者たちの「弁証法」理解がまったくなっていないことを指摘されると、河上肇は、同僚で文学部教授の西田幾多郎の研究室に駆けこみ、「弁証法」とやらを教えてくれと頼んだそうである。すると、西田はニコニコ笑いながら、福本和夫と同時期にドイツに留学をして帰国したばかりの弟子三木清を紹介するから、彼から詳しい話を聞いてみてはいかがかと言ってくれたとのことである。

とにかく、このように社会的知名度が飛躍的に向上した福本和夫を回顧して、検挙される前の小林多喜二まで次のように語っている（昭和六年の『転換期の人々』より）。

「東京では女学生までが
　福本の本を小脇に抱えているそうだよ(2)」

この一節は、当時の福本和夫の人気が左翼知識人のみならずひろく一般的にも広がっていたことの証左にはなるだろう。このような状況のもとで、福本和夫は前掲の『マルクス主義』誌の大正十五年二月〜五月号にかけて有名な論文を掲載し、この中で「山川イズム」を批判する。「山川イズム」が党を解体し、労働組合との「結合」を説く主張を単なる組合主義だと批判し、社会主義運動を発展させるためには、党とはいかなるものかを明示するため、組合運動と「結合」する前に組合から自らを分離して、「党」の存在を明示し、しかる後に各組合と「結合」し、これらをリードすべきであるとするものであった。このような主張が「福本イズム」と呼ばれるものの本質である。実は、この主張は微妙な主張であった。党の存在を明示することという点ではレーニンの立場に近かったし、また結果として労働組合運動と結びつくのだとする点では、師匠格であったあのコルシュらの主張に近いものであった。

だが、この時点で、福本和夫はルカーチやコルシュらのいわゆる「西欧マルクス主義」者たちが、「コミンテルン」の第五回大会（一九二四年前半）で徹底的に非難されていたことをまだ知らずにいた。このような状況下で、「福本イズム」を発表した同年、つまり大正十五年（一九二六年）十二月、再建日本共産党大会が開かれる。

3　「コミンテルン」の非難で「水に落ちた犬」へ、そして逮捕

この大会の開催場所は、山形県米沢市の南、雪深い五色温泉においてであった。某建設会社の忘年会を装って開かれたこの大会への参集者はなんと二〇名内外にしか過ぎなかったという。第一次共産党結成（大正十一年）以来、数年の歳月を経ている。おそらく、準備委員会は極秘裡に全国の同志に呼びかけたのであろうが、参集者がこの数であることに留意しておくべきであろう。

この秘密大会で福本和夫が立党宣言を読みあげる。その趣旨は、「山川イズム」的協調組合主義は、今、行きづまり始めており、われわれの準備運動も質的飛躍の時期を向えているとして、日頃の「福本イズム」の線に沿ったものであった。この大会で、委員長には佐野文夫が座り、福本和夫は政治部長に選出された。それにしても、この再建大会で一部にもせよ「西欧マルクス主義」の影響のある「福本イズム」が党の方針として採用されたなどということは、

画期的なことではあった。しかし、このような事態を、あの「コミンテルン」が容認するはずもなかった。

このとき、駐日ソ連大使館員のジョンソン（ヤンソンと呼ぶ研究者もいる）は、実は「コミンテルン」の密使であり、再建共産党の情報を入手し、「福本イズム」を採用したこの大会に非常な不快感をもったと言われている。彼はその旨を「コミンテルン」に通報する。その結果、再建共産党の主要メンバーは、モスクワの「コミンテルン」への出頭を命じられる。

それで福本和夫たちは、昭和二年（一九二七年）二月、警察の尾行をまいて、上海からウラジオストックを経てモスクワに向った。モスクワに参集したのは、佐野文夫、福本和夫、徳田球一、渡辺政之輔、中尾勝男、鍋山貞親の六名であったという。彼らを前にして「コミンテルン」ではブハーリンを議長として日本問題に関する審議会が開かれることになる。

その結果、「山川イズム」と「福本イズム」の両者に対しての非難声明が発せられる。しかし、このとき、山川均は再建共産党には加わっておらず、別組織の「労農党」に走っていたので、「コミンテルン」の非難は、実は、もっぱら福本和夫に向けられたものであった。その非難の主旨は「レーニン主義と決定的にまた根本的に異なっている」から だ、というのである。したがって、「コミンテルン」の主旨は福本和夫を党中央委員から外すことまで指示している。この主旨はソ連共産党機関紙の「プラウダ」に発表され、世界各国の共産党にまでその意図が徹底的に浸透せしめられた。

ところで「コミンテルン」の指示は、その後のテーゼを見てもわかる通り、まったく首尾一貫したものではなかった。その例は、「二二年の政治テーゼ」と「三二年のテーゼ」を見ても、一目瞭然であった。前者は、直接、社会主義的暴動を引きおこせという指示であったのに対して、一年後の後者は、まずブルジョア民主主義革命を引きおこし、それを社会主義革命につないで行けというわゆる「二段階革命」の指示であった。どうして、このようなチグハグな指示が臆面もなく発せられたのか。それは、この時期はスターリン体制の確立期に当たり、ソ連体制内部の権力闘争の結果、その時々の勝者の立場が「テーゼ」として発せられていたに過ぎないものであったからである。あの「福本イズム」を裁いたブハーリンまで、その後、スターリンによって銃殺刑に処せられている。ちなみに付け加えておくなら、このようなバカバカしい「コミンテルン」の指示をきっぱりと拒絶したのは、毛沢東に率いられる中国共産党であった。

　ところが、当時の日本共産党は唯々諾々と「コミンテルン」の指示に従わざるを得なかった。とにかく「二七年テーゼ」を受けて、日本共産党は福本和夫を中央委員から外すことを決定する。あまつさえ、同行者の一人徳田球一に至っては、「福本などソ連の獄舎に投ぜられるべきだ！」などと発言し、同行者たちのヒンシュクを買ったのだそうである。この徳田球一は性格のガサツさを逆に売りものにし、戦後日本共産党の花型スターにのし上がる。

　他方、当の福本和夫の方は「コミンテルン」の指示通り、党の中央委員の役から外されたのみならず、そのレーニン主義からの逸脱を党内外からきびしく批判されることになった。なにしろ、福本非難の内容はあの「プラウダ」によって世界にバラマカレていたからである。これによって、福本和夫の立場は「水に落ちた犬」のようになり、日本左翼関係者たちからも散々の罵声と嘲笑をあびせられる事態にあいなった。こういった罵声をあびせた一人に、あの京大教授の河上肇もいた。

　「水に落ちた犬」の扱いを受けた福本和夫のかつての人気と権威は、一気に失墜せしめられたのは言うまでもない。普通、ここまでコケにされたら、一切の左翼運動から身を引いてしまってもオカシクはなかったのであるが、党に忠実な福本はそうはしなかった。彼は一細胞員となって同僚二人とともに、東京の中小企業の密集地区であった大井町近辺のオルグ活動に精を出すことになる。彼の配下でこの活動に従事した二人とは、やがて「産経グループ」の総帥にのし上がることになる水野成夫《みずのしげお》とあの「日本浪曼派」に属して文名を馳せることになる浅野晃《あさのあきら》であった。

　ところで、昭和三年（一九二八年）二月に初の普通選挙が行われ、無産党系各派が八名の当選議員を出すに至った結果に驚いた政府当局は、治安維持法違反の名目で、同年三月十五日、全国の共産党員ならびにそのシンパを一勢に検挙する全国運動を展開する。いわゆる「三・一五事件」である。このとき、全国で検挙された者一六〇〇余名。うち起訴された者四八四名であったとのこと。しかし、このとき、福本和夫はかろうじて逮捕をまぬがれ、六月、党の再建工作のために大阪に出向いたところで逮捕される。結果、彼はひとまず東京市ヶ谷の未決刑務所に収監され、裁判の結果、遠く北海道の釧路刑務所までたらいまわしにされる十四年の獄中生活をよぎなくされる。

これまでの「福本和夫論」のあらかたは、ここまでである。たしかに「福本イズム」を語るためだけなら、ここまでで十分であろう。あのドイツ・チューリンゲン州イルメナウでのルカーチ、コルシュらとの「研究週間」に参加し、「西欧マルクス主義」を学んで帰国し、日本で「福本イズム」ともてはやされ、「コミンテルン」に断罪され、一党員として地道に党活動に従事して、逮捕されるまでの期間は、なんと五年間でしかない。たしかに、彼はこの五年間で多くの論文を書き、数冊の著作を公刊してもいる。しかし、彼の戦時中、戦後の長い人生の過程で発言し、公刊した著作に比べたら、その量は極めて少ないものでしかない。そしてまた、戦後の彼の追求したテーマ、そして公刊した著作の数々は、日本の近世・近代史を語るに当たって重要な問題提起を孕み、学界各方面にかなりの影響を与えているというのに、戦後期の彼の諸著作の追求を等閑視してしまっているとは、日本の知識人界は、いったい、どうしたことであろうか。

なお共産党活動には、彼は戦後の昭和二五年に復党してはいるが、昭和三二年のいわゆる党の「六全協」に異議を申したて、翌昭和三三年、党から除名処分を受けている。

4　獄中一四年で得たもの

獄中にあって、福本和夫を始め、他の多くの党員たちも、あの「三二年政治テーゼ」や「三二年テーゼ」を聞きしったそうである。どうも当時の刑務所、しかも政治犯、思想犯専門の刑務所には外部のニュースを聞ける半分公然とした通路があったらしい。もちろん、福本はこれらの「テーゼ」の相矛盾した内容を苦々しく聞いたという。しかも、獄中にあってなおも党の主導部が獄中同志を指導する体制であったらしい。そのことも福本和夫は苦々しく回想している。たとえば、未決囚が収監されていた市ヶ谷刑務所では、尋問のために呼びだされるたびごとに暴行を加えられたという。もちろん、福本和夫も顔面が腫《は》れあがる程の暴行を受け、独房に戻されていた。他の同志も同様であったらしい。ところが、同志が暴行を受けて戻されてくるたびごとに、収監されていた党主導部によって「暴行反対！」「日本共産党万歳‼」の大合唱が繰りかえされたのだそうである。この大合唱によって、獄吏たちは言うにおよばず、取調べの特高、刑事、検事に至るまで、ますますいきり立ち、収監者に手荒い暴行を加えるようになったとのこと。こうした雰囲気の中で、あの小林多喜二も築地署のなかで暴行、虐殺されて終る（昭和八年二月）ことになる。

もちろん、収監者に対する警察、検察当局のあのような暴力的取調べは、当時も今も、許されることではない。しかし、未決監のなかでの党主導部のあのような挑発的態度は、どう評価されるべきなのであろうか。従来の党関係者の回想だけだと、暴力的取調べだけが大きく取りあげられて来て、党主導の挑発的行動についてはまったく不問に付されてきたし、また、あのような挑発的行動があったことの報告さえなされてこなかった。

これは、戦後もかなりたったある日、私は作家の埴谷雄高《はにやゆたか》氏と座談会をもったことがある。埴谷氏は福本らにやや遅れて検挙投獄されており、獄中で同じような体験をもったという。その埴谷氏がしみじみと私に語りかけた話によると、「ああいう大合唱でも聞かなければ、自己が保てなかったのが事実だったのだ」そうである。

それはともあれ、裁判の結果、福本和夫は十四年の刑に服することになる。そこで、まず、北海道の東端、釧路刑務所に送られ、その後、千葉刑務所に移送される。霰《あられ》と濃霧の網走や釧路と聞けば、人はなにやら陰鬱な気分に取らわれるかもしれない。しかし、東京から離れるにしたがって、各刑務所の政治犯、思想犯に対する対応は鷹揚《おうよう》なもの、いやむしろ丁重なものに変わっていったという。一般犯罪者とは違う政治犯、思想犯に対して、彼らはある種の畏敬の念さえ抱いていたのではあるまいか。福本和夫もまた釧路、千葉の刑務所では心を開き、かなり大胆な願いまで出して、聞きとどけられている。

たとえば、釧路刑務所では労働時間の他は、各自、自由な時間がもてるので、その時間を勉強の時間に当てたという。そのため『辞典』を必要としたため、郷里の北条村の実家からドイツ語版『ブロックハウス百科辞典』全十七巻まで送ってきてもらっている。また、千葉刑務所では、中国古典の『墨子』やら、荻生徂徠の『政談』やら『太平策』の閲覧まで要望している。特に荻生徂徠のものはどこにでもあるような本ではないので、おそらく今日の千葉大学図書館あたりから借りだして、福本のもとに届けたのではあるまいか。

各刑務所がこれほどまでに福本和夫に好意的であったのは、所内における福本自身の態度にも依っていただろうと思われる。彼自身の回想によると、刑務所内では、食事のときも、読書のときも、つねに正座を崩さなかったのだそうである。独房で端然と正座をして読書をしている福本の姿を、廊下側からのぞき見した看守たちは、おそらく幕末の志士かなにかの姿を連想し、ますます畏敬の念にかられたのではあるまいか。例の徳田球一の場合は、いつも横着に寝そべったまま看守に対応していて、看守たちからは軽く見られていたのだそうである。独房で正座をしながら読書の姿の話を、戦後、私は福本和夫に持ちだしてみた。すると、彼はカラカラと笑いながら、「いや別に特別の意味でそうしていたわけじゃないよ。正座して読書するというのが習慣になっていてね、正座の場合は次の行動に移るにあたって便利だってこともあるじゃない」という返辞であった。

それにしても、刑務所内での福本和夫のこのような態度は、所内では非常な好意をもって遇されていたようである。次は、「福本和夫に対する予防拘禁請求」についての、昭和十七年一月十六日の東京地方裁判の記録である。予防拘禁というのは、刑期が満ちた囚人でも再犯の恐れがある者に対して、それを予防するためなお拘禁しておくかどうかを調べる裁判のことである。東京地方裁判所に参考人として出廷した千葉刑務所の看守部長某は次のように証言している。

問　福本は千葉にいた共産主義者の収容者の連中と較べて日常の言語態度に何か変りがあったか。
答　福本は非常に人格者で、他の受刑者とはかけはなれて居る様に見受けられました。看守達に対しても非常に従順で、保険技師、教誨師、担当の部長なども、みな福本には好感を持って居た様です。(3)

（『昭和思想統制史資料』第三巻、一九三頁）

看守たちからこのような好意的評価を受けながらの獄中十四年間、福本和夫はひたすら勉学に励んでいたそうである。その内容を語る前に、彼の教養を培ったあの「西欧マルクス主義」をもういちど考えてみよう。人間性などを観念的タワゴトだとばかり、プロレタリアートの独裁と言いながらその実、党の独裁を押しすすめた「ソ連マルクス主義」に対して、「西欧マルクス主義」は何よりも「人間の解放」を目指すためにこその革命であった。この「人間の解放」という精神は獄中十四年の福本和夫の心のなかから失われることはなかった。

獄中であれだけの書籍を取りそろえてもらっての福本の心を取らえたのは、岡倉天心の著作であったそうである。特に、岡倉の『日本の覚醒』には教えられる所多かったと言う。それは、あの本が日本文化の発展を、日本人の「内在的発展力」に見いだしていたからだ、と言うのである。この時期シャバでは一種の「岡倉天心ブーム」が起こっており、悪いことには岡倉の思想を対外侵略の原動力の思想だなどと、トンデモない解釈がまかり通っていた。しかし、獄中の福本和夫はそんなことを知る由もなく、純粋に明治期の岡倉の思想に傾倒していたようである。ところで、日本人の「内在的発展力」と言ってみたとて、それを担っていたのはどのような種類の日本人であったのかという疑問に突きあたることになった。その結果は次の通りである。

福本和夫が収監されていた時代、シャバでは「岡倉天心ブーム」が起っていたと述べておいた。ところで、当時はあの「柳田国男の民俗学ブーム」もまた起っていたのである。そこで、柳田国男の「民俗学」はどのような方法で展開されていたのか。結論的に言うならば、柳田の意図は日本人の「常民」がもつ内在的「心意現象」を追究しようとするものであった。獄中読書の結果、福本和夫は岡倉の日本人の「内在的発展力」から、柳田の「常民」がもつ「内在的心意現象」に引かれて行く。柳田の「内在的心意現象」は何によって示されるのか。それは「常民」の言語活動によってである。もっと簡単に言うなら、「常民」のコトバ使いによってである。福本和夫は、今までの高い次元でのコトバ使い（つまり、「ソ連マルクス主義」に対決する「西欧マルクス主義」の論理）から、もっと根底的なコトバ使いの追求へと転換する。別言すれば、高い「目線」から低い「目線」への転換である。とはいえ、この「目線」の転換の背景には「人間性」のさらなる追求という一点があったことは、幾重にも留意しておかれるべきことであろう。

獄中の福本和夫の動静については、もうひとつ特筆しておくべき事がある。それは、獄中での浮世絵、特に葛飾北斎の「凱風快晴」（俗に赤富士と呼ばれているもの）についての思い入れである。この浮世絵への関心もまた、江戸期の庶民（柳田国男なら「常民」と言ったであろう）の「心意現象」の表現形態であったと考えれば、先ほどから述べてきた福本和夫の獄中の基本的「思い」と連なることになるはずである。

その他の問題として、昭和八年（一九三三年）六月の獄中共産党幹部の佐野学と鍋山貞親との「転向声明」はあまりにも有名であるが、幹部でなく一般党員の「転向」現象は、この前後、相次いでいた。かつて東京の下町の大井地区で、福本和夫とともにオルグ活動をしていた水野成夫や浅野晃も、早々に「転向」して出獄していた。この「転向」問題は、戦後、あらためて問題とされることになるが、ここでは問わないことにしよう。ただし、「非転向」組が、戦後、ある意味でたかく評価されることになるが、この「非転向」組でも、獄中で聞いた「コミンテルン」の「三一年政治テーゼ」と「三二年テーゼ」とがまったく違う内容であることに気付いていたはずなのに、何の反応も示さず、戦後、「コミンテルン」の後継団体「コミンフォルム」に、これまた振りまわされた彼らの事態を何と評価すべきなのであろうか。その他、擬装「転向」で出獄した者も多くいた。福本和夫の場合も、以後、共産党活動には関わりませんという一札を入れて出獄しているので、擬装「転向」ということになろうか。

5　柳田国男を超えて――『日本ルネッサンス史論』

出獄後の福本和夫の思考と行動は、柳田国男の指示に従って、自分の郷里鳥取県伯耆《ほうき》地方の「方言」の調査に向かっている。ただ、柳田国男の指示に従いながら、福本の関心はもっぱら「方言」でも地元の手工業にまつわる「技術」関係の「方言」に関心を寄せていたようである。その成果はすぐにも一冊の本になる。昭和十八年五月に出版された『技術史話雑稿』というのがそうである。地元伯耆地方の地場産業の素朴な「技術」に、地元民のどんな「思い」が込められているのかの研究といっていい。しかも、このような研究の基本姿勢は以後の彼の諸著作を貫く一本の太い線となる。

「技術」に人々のどんな「思い」が込められているかだと？　「技術」とはその時代の客観化された「知識」のことではないか、と反論されるかも知れまい。従来からの「技術論」の一般的傾向としても、近世の「マニュファクチュア的技術」がどう集積され、それが近代的「産業革命」にどう転化されて行くか、それに応じて人々のあいだにいかに「市民意識」が形成されて行ったかといった研究が主流として展開されて来た。しかし、このような研究もすごく大雑把なものでしかなかった。

福本和夫は近世の「技術」を追求する方法として、まずそのもっとも基礎となる「メチェ」（métier＝手技《てわざ》）の追究から始める。この「メチェ」は人間的願望のもっとも基礎となる「思い」である、と言う。この「メチェ」が伯耆地方の「方言」、「労働歌」のなかにいかに秘められているかということの追求である。このようにして、福本は柳田の指示に従いながらも柳田の意図を越えて行く。今、具体的にその実例を紹介するユトリはないが、しかし、その追究のために、何とあの北斎の浮世絵の習作まで実例として挙げられる。

このような追究のさらなる展開は、たとえば、日本の捕鯨の実態、特に、その鯨肉、鯨油の処理の仕方にまで広げられる。しかも、この研究のため彼は何と九州にまで足を運んでいる。その成果が『日本捕鯨史話』（昭和二三年刊）であった。この研究は今でも斯界《しかい》の研究の古典的名著になっているのだそうである。事実、この方面のその後の研究では、必ずと言っていいほど福本のこの著作が出典として挙げられている。鯨肉、鯨油処理についての「メチェ」の研究は、捕鯨問題にとどまらなかった。彼の「メチェ」から「技術」への研究分野は、鉱山採掘から鉱石精錬へ、さらには合金技術へ、製糸業から絹・綿織物業へ、菜種油業から酒造、醤業へと多方面に渡っている。

ところで、戦前の日本の「マニュファクチュア論争」は、服部之総や土屋喬雄らを中心として展開されていたが、彼らの論争は、もっぱら両毛《りょうもう》地方の地場「繊維産業」を中心とした論争でしかなかった。そしてまた、当時の「唯物論研究会」での戸坂潤らを中心とした論争にしてもしかりであった。戸坂らの「マニュファクチュア論」では「メチェ」と「技術」の区別さえつけられないほど杜撰な論争で、せいぜいがレーニンの『唯物論と経験批判』を下敷にしての論争でしかなかった。

では、福本和夫は「メチェ」から「技術」への展開過程の諸問題をどこから得たのであろうか。これも詳細に論じているユトリはない。それは獄中十四年間の読書の結果であるという。彼は、特に十六世紀中期ドイツのG・アグリコラの『金属論』、それに十八世紀初頭イギリスのチェンバーズの『エンサイクロペディア』、そして十八世紀中期のあのディドロらの『百科全書』からの影響をつよく主張している。それにしても、千葉の刑務所が、このような特殊専門図書をよくも用立てて、福本の閲覧に供してくれたものだと思う。所長も看守長も囚人福本和夫に心服していなければ、とてもこんな処置をとってくれるはずがない。

こう見てくると、「西欧マルクス主義」の影響を受けていた獄中の福本和夫は、シャバで「ソ連マルクス主義」に唯々諾々としていた左翼知識人に比べて、はるかに慧眼の持ち主であったと思う。出獄してからすぐに取りかかった

「メチェ」の研究は、世界的研究動向にもマッチするものであった。たとえば、一九五四年から五八年にかけて、イギリスの科学史家たちの共同研究『テクノロジーの歴史』の五巻本（一九五九年、オックスフォード大学出版）は、イギリスにおける「技術史」展開の過程を追究した画期的なシリーズものであった。このシリーズ物の中でも、「テクノロジー」の基礎となる「trade《トレード》」がいかに「テクノロジー」に展開して行くかが述べられている。英語の「trade」は、フランス語の「métier」に当たるもの、つまり日本語でならあの「手技《てわざ》」に当たるものであることは言うまでもない。福本和夫の「メチェ」を中心とした戦後の諸著作は、このイギリスの科学史家たちの共同研究と相前後している。たとえば、彼のこの研究は、『カラクリ技術史話』（一九四七年刊）、『日本ルネッサンス史論続篇』（一九六〇年刊）、『日本捕鯨史話』（一九六〇年刊）、『日本工業の黎明期』（一九六二年刊）と続き、最後に『日本工業先覚者史話』（一九八一年刊）にまで続くことになる。

　この節の最後を彼の『日本ルネッサンス史論』（一九六四年刊）で締めくくりたいと思う。これは戦後の彼の大著でありながら、ノーヒットに終った著作である。理由は簡単である。多くの人々が、まず、日本に「ルネッサンス期」なんて「あったわけがないじゃないか！」と反応したからである。しかし、それはともあれ、彼福本が畢生《ひっせい》の大作と自負して出版したこの著作に触れないで済ますわけにもいかないだろう。彼のこの構想はあの獄中以来のものであり、幾度も改稿を繰りかえしてきた結果、ようやく完成原稿を見ることになったとのことである。

　普通、「ルネッサンス」と言えば、十四世紀から十六世紀頃まで、イタリアから始まって全ヨーロッパに広がった文化的、社会的諸運動のことを言う。福本自身も認めているように、その精神は「自然と人間の再発見」であり、結果として「ヒューマニズム」の発展に連らなるものであった。さて、そこで、福本は、「日本のルネッサンス期」を寛文元年（一六六一年）頃から嘉永三年（一八五〇年）頃までと規定する。このあいだに「ヒューマニズム」的見解の展開がありえたのか。福本はありえたと断定する。

　たとえば、荻生徂徠の自然復帰論と個性尊重教育とを考えてみる。あれは明らかに「ヒューマニズム」の一表現ではなかったか。そしてまた新井白石の『古史通』を見よ。あそこでは「上代の神々はみな人間なり」と喝破しているではないか。白石もまた「ヒューマニスト」を思わしめる人物であったのだ(4)（全集第九巻四七頁）、と。

つまり、福本が日本に「ルネッサンス」を求めたのは、明らかにかつての「西欧マルクス主義」が掲げた「人間性」尊重の思想が流れているといっていい。そのうえで、彼の追究したかったのは、明治時代の「産業革命」に連なる江戸期の「マニュファクチュア」の発展の状況であった。したがって、この大著の内容の大部分は、かつて彼が追究してきた「メチェ」と「技術」を通しての「マニュファクチュア」の追究がそのまま転用されていると言っていい。嘉永三年（一八五〇年）で「日本ルネッサンス」を一応、終わりにしているのは、周知の通り、この年、佐賀藩が反射炉を築き、また幕府の江川英竜も伊豆韮山に反射炉を築造しているからである。本来なら、「産業革命」に連なるべき一歩手前の事態であったからでもある。

このような福本和夫の意図は理解できないわけではないが、先ほども述べておいたように、江戸期に「日本ルネッサンス」を求めるなどという発想は、当時も今も、日本人の一般的コンセンサスのなかにはなく、この本自体は空振りに終わったようである。とはいえ、この本を構成する諸論文は、従来から好評をもって迎えられていた「マニュファクチュア」に関するものであったので、これら諸論文が空振りであったわけではないので、この本に対しては二重の構えで対応する必要があるだろう。と言えば、泉下《せんか》の福本和夫は大いに不満をもつだろうとは思うが。

6　検証されるべき遺産

驚くべきことには、戦後のあれら数々の論作は、戦後、共産党に復帰し、党活動を展開しながらの執筆であった。党に復帰したとはいえ、党役員はおろか、主流派からも遠く離れた存在であった。その結果、主流派批判が重なり、前にも述べておいたように、結局、昭和三三年（一九五八年）、党から除名されてしまっている。あの大著『日本ルネッサンス史論』は、その後の著述であり、出版であった。

　ところが、福本和夫が党から除名処分を受けた前後、欧州世界では時代を画するような事態が起っていた。昭和三一年（一九五六年）二月、ソ連共産党第二〇回大会でフルシチョフが亡きスターリンを批判。それに応じて、東欧諸国が動揺しだしたのである。同年六月、まずポーランドで反ソ連暴動が起き、続いて同年十月ハンガリーで同じような暴動が起きた。ソ連軍はこのハンガリーに出動、反ソ暴動を武力鎮圧。続いてルーマニアやチェコスロヴァキアにも民主化を求める反ソ連暴動が起きた。一九六八年八月、圧倒的多数のソ連軍が侵攻、これらを武力鎮圧した。このような動向は歴史の流れであり、武力によって押しとどめることはできなかった。このような歴史のうねりは、それから二〇年後、一九八九年十一月、あの「ベルリンの壁」崩壊にまで連らなることになり、ソ連体制と東欧社会主義国は雪崩に打たれたように自滅の道を辿《たど》ることになった。

　ソ連体制に対するこのような批判的うねりが高まる前後に、私は東大の学生になっていた。大学では特に城塚登先生の「初期マルクスの研究」、その中の「疎外論マルクス主義」には心引かれたものである。と同時に京都大学の野村修氏や平井俊彦氏の「コルシュ」に関する諸論文、およびあのワイマール・ドイツの「レーテ運動」の紹介にも心動かされたものであった。そしてまた大学生になった私自身学生自治会の副委員長に選出された。いわゆる「六〇年安保闘争」にむけての前哨戦的デモが続き、そのデモへの学生を参加させる説得役を引きうけたりもしたものであった。あのような時代的雰囲気でもあったので、そのデモが共産党系のデモであるわけでは断じてなかった。やがて大学院生になり、大学院でも初めて自治会を作り、またもや副委員長に選出されることになった。この大学院時代に理系から転入してきた廣松渉氏と同級生になり、懇意になったものである。

　このような雰囲気のもとにあったので、一九七三年のドイツからの「問い合せ」にはすぐにも応じられる精神状況であった、と言っていい。七三年度の「問い合せ」というのは、すでに述べておいたように、あのチュービンゲン・

イルメナウでの会合と「フランクフルト学派」成立の五〇周年を記念して、フランクフルト大学で開かれた研究集会からの「問い合せ」のことである。主宰者のF・ヴァイルはあのとき、一人の日本人が参加していたはずだが、彼の名前を失念してしまったと語ったという。その旨を同席しておられた八木紀一郎氏（後、京大教授）が日本の社会思想史学会に問い合わせてこられて、私自身が調査に乗りだした――このことも前掲の通りである。

神奈川県藤沢市のあの一遍上人ゆかりの游行寺脇に、福本和夫氏の瀟洒《しょうしゃ》な家があり、同氏はお嬢様の逸子さんと二人で住んでおられた。お伺いして、もちろん、大歓迎を受けた。その後、八木紀一郎氏も福本宅を訪問されておられるので、同じく大歓迎を受けたはずである。たびかさねて、福本氏宅を訪問するうちに、ある日あのイルメナウでの写真を示しながら、私はその後のゾルゲの日本での足跡をやや詳しく報告したものであった。前にも述べておいたように福本氏はゾルゲについての記憶はほとんどもっておられなかった。私の詳しい報告を聞きおわって、福本氏はビックリした様子で私に尋ねられた。

「もし、あの時、清水君たちのような検事がいたら、ワシはどうなっていたかね」

「そりゃ、先生、獄中十四年の刑どころじゃぁすみませんよ。もし私が当時の検事であったなら、これはモッケの幸いと、先生をゾルゲ事件にからめた事例にデッチアゲ、死刑を求刑していたはずです（笑）」

「オー、コワ（笑）」

私と同席していた河出書房の編集者中間浄一郎氏ともども、大爆笑で終わったものであった。

この後、私は恩師の城塚登先生に発起人代表者になってもらい、同輩の廣松渉君と語らい、神田の学士会館で「福本和夫著作活動五〇周年」の集会（一九七六年暮れ）を開くことになった。当時、廣松君は、初期マルクスの「疎外論」やルカーチの「物象化論」に反対し、経済的事態の「事物化」を捉えてこそのマルクス主義の科学性ではなかったかという論を主張していた。いかにも理系出身者らしい発想だと、私自身、感想をもらしたことがある。その廣松君まで、日本での「疎外論」の最初の提唱者福本和夫氏のこの「顕彰集会」には賛成してくれ、大変に協力してくれた。この「集会」は、福本和夫氏の戦前のマルクス主義研究の思い出、特にあの「疎外論」追究の思い出話を中心にして展開された。物珍しさも手伝ってか、全国の同問題研究者たちが参集され、大変な盛会で終ったものであった。

今、私の手許には、この前後、福本和夫氏から頂戴した二通の感謝の手紙が残っている。私の秘蔵の宝としておいてよいものかどうか、迷ってはいるが。このときから数年後の昭和五八年（一九八三年）、福本和夫氏は逝去された。享年八九歳であったというから、この世代の人としては天寿を全《まっと》うされたと言うべきであろうか。

さらに言うなら、福本和夫の諸著作集は、「法政大学出版局」や「こぶし書房」が中心となって一九七〇年代頃から出版されるようになり、人目につくようにはなってはいた。しかし、何といっても彼の全著作を収録した『福本和夫著作集』全十巻（こぶし書房）が完結したのは二〇一一年になってのことであった。この『著作集』完結を記念して、私たちはふたたび『著作集完結記念の集い』をもつことにした。二〇一一年五月二一日、やはり神田の学士会館においてであった。発起人代表に福本和夫氏の一番弟子の岩見尚さんになってもらい、八木紀一郎氏や私も発起人に名を連ねさせてもらった。今回もまた、日本における社会思想研究者、ほぼ五〇名に集まってもらい、それぞれの専門家から福本和夫についての「コメント」を頂き、大変、有意義な会合であったと思っている。

そろそろ結論を語らなければなるまい。特に戦後の福本和夫の業績についての評価はこれからだと思っている。というのも、これまで紹介したように、彼の「技術」の研究は、柳田国男の影響を受けて、もっと低い次元の「メチェ」の研究であったことを述べてきた。また、この研究は世界的動向にマッチするものであることも述べてきたつもりである。戦争によって壊滅した日本の産業や経済があれほどすみやかに回復しえたのは、民衆のなかに伝えられたこの「メチェ」の豊富さに依るものではなかったのか。あるいはまた民衆のなかに伝えられたこの「メチェ」には、西欧と日本とのあいだに差異があったのか、なかったのか等の研究は、「メチェ」伝承のそれぞれの「型論」、つまり、「文化の共通性と差異性」を探る研究にもつながって行くだろう。

つまり、福本和夫の研究は単に「日本マニュファクチュア」の研究に新しい視野を開いたということだけではなく、現代文化の「グローバリズムとリージョナリズム」の問題を探る手掛かりともなるはずである。あの戦前の「福本イズム」の根底には、やはり、純粋に「人間性」を追究しようとする思いがあったことは述べておいた。戦後の福本和夫の多方面な追求には戦前の「思い」が一貫して流れていることも述べてきたつもりである。

福本和夫が今後とも追究されるべき諸問題の先駆的問題提起者であったことに、変りはない。

＊　＊　＊　＊

追記

この論文を作成するに当たって、福本和夫の生地、鳥取県北栄町の町長松本昭夫、同町、図書館長の山崎盈二氏に大変お世話になった。紙上をかりて、御礼申し上げたい。

第五章　一九二〇／三〇年代 反体制派のなかの反対派
――「転向」と「山川イズム」、左派社会主義労働組合運動

ティル・クナウト

はじめに(1)

日本共産党創立七〇周年を機に出版された同党の公式党史をみたとき、一九三〇年代の左派抵抗運動や「転向」という現象に対して極めてわずかな紙幅しか割かれていないことに気づかされる。計九百頁にも及ぶ同党史のなかにあって、一九三三年から四五年に関する記述は実に三頁のみである。そのうち一頁が党員の大量転向に対して、もう一頁が無産諸組織を基盤に行われた最後の抵抗の試みに対して割かれている。そこで強調されるのが、一九三〇年代に同志が陥った「敗北主義」である。その意図は、著名な「非転向者」である徳田球一に率いられた同党が戦後、自己批判を通じて浄化され、再建されたという点を指摘することにあるといえる。(2)

この日本共産党の公式見解に反し、日本の左派による最後の組織だった抵抗は、同党から生じたものではなかった。むしろ、日本の中国侵略以降、統一行動としての「人民戦線」結成を呼びかけた、左派社会主義反対派グループのうちの一つによるものであった。そしてこの人民戦線は、一九三〇年代の中葉から続いた、議会選挙を通じて無産政党を根付かせようという試みのなかから生まれてきたものであった。人民戦線の構築に向けて行動し、一九三七年一二月から三八年一月にかけて逮捕された四〇〇名の活動家のなかには、かつての日本共産党中央委員会のメンバーや労働組合員、知識人、とくに労農派、ならびに、日本無産党の党員が含まれていた。にもかかわらず、これまでこの日本の人民戦線構築の試みに対して、日本国外の研究において、大きな関心が払われることはなかった。また仮に関心が払われたとしても、対象とされるのは、もっぱら日本共産党の組織的・政治的な機能不全に関してであった。

この「人民戦線事件」が、なぜ「反体制のラディカリズム」を検討するうえで興味深い対象といえるのだろうか。本稿で筆者は、ラディカルな反体制派が批判の矛先を向けた「体制」が、必ずしも国家体制や資本主義的な生産手段といった「体制」に限ったものではなかったことを示したい。左派社会主義の活動家たちは一九二〇年代中葉から既に、「反体制派のなかの反対派（Opposition in der Opposition）」として、一方で、日本共産党の政策を批判するとともに、他方で、社会大衆党に代表される無産運動の多数派が国家社会主義的ないし国民社会主義的な傾向を帯びていくことに対しても批判を加えていたのである。

この反体制派のなかの反対派が生まれる上で、重要な役割を果たしたのが、一九二二年に「無産階級運動の方向転換」[3]を公表し、「合法的な」左派社会主義政党設立に関する理論的な基礎を作った山川均である。本章の第一節では、この山川が提唱した「山川イズム」について扱う。山川イズムは、東京帝国大学セツルメント（以下、「セツルメント」）の労働学校にあって、一九二五から一九三〇年にかけて、若き学生ならびに労働者に対して大きな影響力を与えるものであった。すなわち、セツルメントの活動家たちは無産運動のなかで、「大衆の中へ」という山川の求めを実現しようと試みたのである。そして、日本における左派社会主義反対派が生まれるうえで、セツルメントは大きな役割を果たした。

続く第二節では、山川イズムが、左派社会主義的な労働組合運動の反対派という形で昇華される過程をみる。その例が、山花秀雄をはじめとする活動家たちである。彼らは、一九三〇年代において、社会民主主義の方向性とも日本共産党の非合法路線とも異なる志向性をもつ運動を行った。この運動の代表者は、東京は本所区（現在の東京都墨田区南部から江東区北部にあたる地域。以降「本所」と表記）のセツルメントの周りに集った、人民戦線運動、左派社会主義労働組合運動を基盤に現れてきた人々であった。

第三節では、平井巳之助の事例を扱う。彼は山花と同様、本所のセツルメントでさかんに活動しつつも、山花とは対照的に、日本共産党の方針に忠実だった人物である。政治的理想をもちながらも、失敗しつつある日本共産党の方針に抗うことのできない自身との間にさいなまれるなかで、平井は、一度転向を経験するのみならず、政府機関の一員として日本の中国支配に協力するとともに、戦後には中国共産党のもとで活動するなど、複数回にわたってその立場を変えた。

本研究が果たすべき貢献があるとしたら、転向そして、可能であれば「非転向」の理由を問うことである。一九三八年の人民戦線事件に際して逮捕された活動家の多くは、転向をしなかった。それはなぜだったのか。彼らは、革命政党、あるいは合法的な無産政党、または労働組合、知識人ネットワーク（労農派）の構成員であり、一九三七年以降、国家が総力戦へと進むなかで、危険分子と目されたものたちであった。

個人的＝心理的な側面から非転向の理由を探ったのが、パトリシア・シュタインホフである。彼女が一九六九年に提出した博士論文のなかで、非転向者として名高い徳田球一は、あくまで例外的存在として扱われる。というのも、沖縄出身の徳田はその出身地ゆえに「日本帝国主義に対して敵対的な本性」を備えており、また、母が街娼、父が漁師であった彼はパーリアとしての地位にあったためである。また、志賀義雄の場合、旧制中学校時代から十月革命に対する感情的なつながりを備えており、懲役刑は彼にとって革命上の試練であり、シュタインホフの言葉を借りるならば「革命家としての試金石」であった。そのため徳田と志賀にとって、刑務所での日々は自由な日常の延長線上にあった。そして、そのような理由から彼らは、転向者たちとは対照的に、看守や他の囚人たちとの接触を求めたというのである。(4)彼女は以下のように述べる。

この〔個人的＝心理的な側面をとりあげて検討する：筆者補足〕アプローチが明らかにした興味深い点として、政治犯でない人々に対して非転向者が示した、分けへだてない態度があげられる。多くの転向者たちは、のちに、一般の犯罪者との間に一線を画そうと試みたと述べている。（……）対して徳田と志賀は、他の囚人たちを共通の敵にたいする戦友とみなしていたのである。(5)

確かに、非転向の理由は個々人によって異なっていた。しかしシュタインホフが示唆したこととして、獄中、共産党員以外の囚人と社会的な接触をもっていた共産党員は、そうではない場合に比べて、より容易に転向に抗することができたという傾向があった。

非転向者の個人的＝心理的側面に着目したシュタインホフに対して、マックス・ウォードが関心を向けるのが、国家によって転向者が社会に「再統合」される過程である。(6) ウォードによれば、転向は国家機構的な実践の一つである。そのため、彼の議論のなかで「非転向」は意味をもたない。さらにウォードは、転向者と思想犯罪者とを区別すべく、転向を国家機構による構築物と理解する。転向はそこで、主に日本共産党の党員が個々人として行なった行為としてではなく、戦前の日本の左翼全体の問題として理解される。(7) 転向という方向転換によって、その極めて多岐にわたる社会主義的立場と、帝国主義的な外交政策ならびに国内政治とを結びつけることが可能となったのである。従って非転向は、国家にたいする「積極的な抵抗」ではなく、体制に対して、その有用な一部として政治的に（再）同化することを拒否する態度として理解されるものであった。

アカデミックとは異なる文脈から転向に加えられた分析として、新左翼の思想家である吉本隆明が一九五九年に公開した「転向論」がある。同論文は、二〇〇八年に英語への翻訳版が公開されており、現在、世界的にひろく受容されている。(8) そこで吉本はまず、日本共産党の中央委員長を務めていた佐野学ならびに同党の幹部であった鍋山貞親が一九三三年に宣言した転向の理由を以下のように整理する。すなわち佐野や鍋山のような「上昇型のインテリゲンチャ」は、それまで天皇制や家族制度といった「日本的状況」を「理に合わぬ、つまらないもの」と見くびり思考の枠内に入れていなかった。それが獄中、「大衆的な孤立」にたいする不安のなか、それらを本格的な思考対象とするなかで、それらが「それなりに自足したものとして存在する」ということに気づき、「日本的な封建制の優性」に屈する。ここに彼らの転向が完成したというのである。(9)

吉本はそこで、転向とパラレルな形で、「非転向」の理由を語る。彼によると、「非転向者」たる小林多喜二や宮本顕治らが代表した「日本的モデルニスムス」の特徴として、その思考が「社会の現実構造」と遊離し「論理自体として自己完結」している点があった。現実的動向や大衆的動向と無接触に、イデオロギーの論理的なサイクルをまわす

「日本的モデルニスムス」にとって、はじめから転向する必要はなく、「原則を固執すれば（……）天動説のように転向するのは現実社会であった」というのである。そのため吉本にいわせれば、「非転向」もまた転向の一形態に過ぎなかった[10]。ここで着目すべきは、日本共産党員らの転向ならびに「非転向」が、ともに現実からの遊離、ならびに大衆からの孤立ないしは断絶から生じたとされていることであろう。

福家は、鶴見俊輔が『共同研究 転向』[11]で、日本共産党の物語を否定し、代わって転向概念の歴史化を行ったとする。福家は以下のように述べている。

しかし、それ〔佐野・鍋山の転向とそれに続く共産主義者の大量転向〕をもって抵抗が壊滅したわけでない。転向には、帝国日本に対抗する革命運動の再措定から、運動の離脱、沈黙まで、かなり広い揺れ幅があった。最前者は、「階級」という範疇に立脚する運動から「民族」や「国民」という範疇に依拠する運動への転換であり、帝国の膨張・再編とからまりながら、その帰属と運動形態を変化・適合させていったのが、一九三〇年代以降の転向のありようとなる[12]。

鶴見が指摘したこの転向の「揺れ幅」、すなわち、左派活動家が新たな政治的方向性をもった際の多様なスペクトラムは、本稿も認めるところである。確かに、佐野や鍋山のような「正式な」転向者も存在した。しかしまた、後から振りかえってその方向転換を否定しようとする転向者も多く存在していた。平井巳之助もまたその範疇に入るだろう。彼は一方で政府機関の一員としてさかんに活動しつつも、自身のことをなおもマルクス主義者と理解していたのである。

本稿は、吉本と鶴見が提示した日本共産党の非転向神話とその独占にたいする批判を受けいれつつ、ウォードにならってそれらの批判もまた、政治的実践であるとみなす。そうすると転向と非転向、両者は、マルクス主義運動が

「大衆」から知的に断絶してしまっていることにたいする、抵抗の表れとみなせるであろう。あるときは、国家権力による暴力的な強制のもと、「西洋の」マルクス主義にたいする抵抗として。そこで転向者は転向の果てに「民族」あるいは「国体」に寄りかかろうとする。またあるときは社会主義左派の反対派の左派反対派として。その批判の矛先は共産党、社会大衆党、そして人民戦線が失敗してのちは内的亡命に向かった者たちに向けられた。

1　山川イズム

明治末に至るまでの山川の政治半生を扱ったその伝記で、トーマス・D・スイフトは以下のような疑問を投げかける。「山川のように、小都市の中間層に出自をもつ若い日本人が、どのようにして革命的な社会主義者になった（なりえた）のか[13]」。山川均は、実際のところ、プロレタリアート的な背景を備えておらず、仮にその家族は地方出身だったとしても、その祖父は徳川幕府と関係をもった政商であり、農場を保有するとともに鉱山を経営していた。しかし、その繁栄は長くは続かず、父の代になって凋落する。[14]山川が政治的なプロフィールを得たのは、京都の同志社尋常中学校での経験を通じてであった。彼はそこで、キリスト教的な西洋社会主義の諸思想に触れ、また、徳富蘇峰に関心を寄せる。[15]『青年の福音』に掲載した論考が不敬罪に問われ、一九〇〇年、重禁固刑に処された際に、山川は獄中で読書に励んだという。以降、アダム・スミスやトマス・ロバート・マルサス、デヴィッド・リカードといった古典的な政治経済学を学び始める。[16]

一九〇六年、山川は日本社会党の設立に参加、幸徳秋水が発行した『日刊平民新聞』の編集部員として働く。ショー・コニシがいうように、既にマルクスに触れていたとはいえ「コーポラティズム的アナーキズム」は山川にとって、大きな影響力をもつものであった。[17]社会主義や、ポピュリズム、アナーキズム、これらは、当時、明確には区分されておらず、一九世紀における社会改良に関するロシアの文献や、ナロードニキのような社会ポピュリストからも大きな影響を受けていた。そこにあって中心概念であったのは、「プロレタリアート」ではなく「平民」であった。それが『平民新聞』の中心的な概念であったことは決して偶然ではなく、幸徳や山川ならびに他の活動家たちにとって徳富の「国民」概念にたいする明確な批判として理解されていた。というのも、日露戦争中、徳富は徐々に政府の立場を代弁するようになったが、それとともに『日刊平民新聞』に集った反戦論者たちは「平民」という概念をロシア語でいうところの「ナロード」の同義語として理解したのである。(18)

ロシアのナロードニキが代表する無政府社会主義の思想は、山川や『日刊平民新聞』に集った他の活動家に対して、大きな影響を与えるものであった。しかし、一九一〇年に起こった大逆事件以降、決然とした軍事的な無政府主義は影響を失うことになる。(19)一九二二年に日本共産党を創設するに際して堺利彦は、『前衛』上で、小説家有島武郎が北海道の有島農場を解散し小作人を解放したことを指して、その行為は「更に農村問題の一般的解決、延いては社会問題の根本的解決の為に、種々の暗示と刺激とを与える点に於いて、遥かにより大なる意義と効果とを持つものである(20)」と述べる。日本共産党の創設メンバーの一人である堺が有島を肯定的に評価する様子を指して、有島を「コーポラティズム的アナーキスト」と理解するコニシは、創設時の同党において、無政府主義にたいする肯定的な意見の表明が許容されていたことの証左として興味深いとする。(21)

このようなマルクス主義的活動家の政治理論における無政府主義の連続性は、山川均も受けつぐ。労農派もまた「大衆」を「デモクラシー」「平民」といった概念に連続するものと捉えたのである。コニシは以下のようにいう。

大衆という概念は、山川の言葉では、「労働者と農民と、その他のいっさいの勤労民、被抑圧民衆」による「共同戦線」として表現される。山川がのちに思い返すように、日本の初期マルクス主義者たちは、「労働者」の訳語である「プロレタリア」という言葉が、平民と同義であると理解していた。従ってまさに日本のマルクス主義の最初期から、プロレタリアートは平民、あるいは「万人」という意味を有しており、そのため革命は都市労働者階級の前衛によってなされるというマルクス主義的な発展段階論は共有されていなかった。(22)

実際、革命の第一の主体に「都市労働者階級」を据えるという考え方は、一九二〇年初頭の日本において、マルクス主義者の自意識のなかに存在しなかったと、コニシは指摘する。一九一七年のロシア革命時、複数の社会主義政党がありながら、ロシア社会民主主義労働者党（ボルシェヴィキ）ただ一党のみが、サンクトペテルブルクやモスクワといった都市の労働者に基盤をもっていた。これに対して、長期にわたりロシア最大の社会主義政党であり、一九一七年選挙にも勝利したＳＤＡＰＲ（メンシェヴィキ）ならびに社会革命党（ＳＲ）は、地方に支持基盤をもち、またボリシェヴィキよりはるかに強くナロードニキの伝統とつながっていた。十月革命が生じた際、日本にはレーニンならびにボルシェヴィキに関する情報はまったくなかった。第二インターナショナル・シュトゥットガルト大会に関する書類を通じて、山川はレーニンの名前を知っていた。しかし、そこでも並みいるマルクス主義者の参加者の一人の名前としか書かれていなかった。近藤栄蔵が一九一九年にアメリカから帰国するに際して、「フレーナー」という人物の著した『プロレタリア革命とディクテータシップ』という本を持ちかえった。その本を介して、「初めてレーニンやトロツキーの思想の内容が一応わか」るようになったと述べている。(23) 従って、当時の日本の左翼にとって、社会主義や無政府主義、社会民主主義、農民ポピュリズム、サンディカリズム、そして共産主義、これらは認識上区分されておらず、むしろ混淆していた。共産主義のありかたは、一九一八年から一九二一年にかけて、ロシア共産党によってボルシェヴィキ以外の左派反対派が排除されることで、「マルクス・レーニン主義」という基本方針、すなわち支配的教義へと収斂することになる。

一九二二年八月、山川は「無産階級の方向転換」(24) と題する論文を『前衛』上で発表する。これは日本共産党結党の半月後というタイミングであった。ただし山川は自伝において、この論文を執筆するにあたっていかような形であれ共産党設立の影響はなかったとし、その理由として、当時、同党内で政治的方向性に関する議論がなかったことを挙げている。[25]日本社会党が設立された時代、そして大逆事件の間、労働運動に関して議論することも困難であった。例えば、山川ならびに他の活動家たちは、一九〇七年から一九〇八年頃、東京砲兵工廠やその他の小工場で頻繁にチラシを配布したが、反応はなかった。当時、社会主義は「思想運動」でしかなく「大衆性をもった運動」とはなっておらず、労働運動が実際に始まるのは、第一次世界大戦に伴う好景気を待つ必要があったというのである。同時にまた山川によると、大衆性を備えた新たな運動が生じる前までは、マルクス主義者と無政府主義者とは、思想上は議論しつつも、一緒に行動することに問題はなかった。両者の反目が生じるのは、労働運動における実践が問題になってはじめてのことであった。[26]

山川が方向転換論を書いたのは、一九二〇年代の初頭、ごく一部の活動家に先導された、アナルコ・サンディカリズムが労働運動のなかで強まったことに起因する。大杉栄に影響を受けたこのアナルコ・サンディカリズムの本質的特徴は、山川によれば、革命的でない変化（改良主義）の拒否であり、「ごく単純な観念的な革命主義、革命の陶酔」として理解されるものであった。そのため、アナルコ・サンディカリズムは、例えば政府に失業者対策を求めるといったことは不可能であった。このような「革命的サンディカリズム」は、もっとも、サンディカリズムそのものの問題ではないと山川はいう。他方で、山川自身もそこに含まれている日本社会党世代の古い社会主義者もまた、「観念的な革命主義」の賛同者であった。運動が生じた当時は、大衆運動を起こすために連帯する相手となるプロレタリアートは存在していなかった。また、第一次世界大戦勃発後も徐々にマルクス主義に対する認識は増大していったが、組織の形自体に変化はなかった。その限りにおいて、方向転換論は自己批判の一つとして捉えられうるものであった。[27]

山川の方向転換論が意図したのは、一方では、エリート中心のアヴァンギャルド政党による純粋理論的な、そして労働者の組織化にとって無益な革命主義にたいする批判であった。そしてまた他方では、国家にたいする勝利を考えない「虚無主義的」な直接行動にたいする批判でもあった。山川によれば、当時、ごく少数の活動家が、労働組合のなかで労働者にたいする指導的役割を担っていた。これらの活動家は疑いもなく、階級意識を備えており、また、西洋に起源をもつ過去百五〇年ほどの労働運動の歴史に対して認識を備えていたはずである。しかし、仮に一般の労働組合員に聞けば、彼らとインテリ活動家の間の裂け目は大きいだろうと山川はいう。そして彼がその理由として挙げるのが、インテリ活動家側の、理論を実際的活動に落としこむ経験の乏しさであった。(28)

実践と理論のつながりは、山川にとって、労働者の政治的組織ならびに、労働者によって支持されたプロレタリア政党を作るうえで、中心的な課題であった。まず政党を作るために、山川自身のような、教養がありまた博識な少数の社会主義者が集まるというのは、確かに論理的なことである。しかし、そのような政党はずっとエリートのみで孤立しているべきでなく、また、「無産階級の大衆」との接触をもたないままではよくない。山川はそのパンフレットを、次の一歩が「大衆の中へ」に踏みだすものでなければならないと締めくくる。(29)彼はここにおいて、一九一七年までのロシア社会主義のスローガンである「ヴ・ナロード」とつながる。同時に山川はまた、コミンテルンの方針とも寄りそうことになる。その結果、山川は一九二四年まで、党内での政治的影響力を強めることになる。一九二一年六月のコミンテルン第三大会でボルシェヴィキは、ロシア革命の輸出という戦術を断念せざるを得なくなる。華々しい成果が期待された、一九二一年のドイツ中部でのドイツ共産党の武装蜂起である「三月行動」の失敗以降、とくに、西欧での革命は生じず、また、ソ連ではＮＥＰ（新経済政策）によって内戦後の経済復興が促進されることになった。(30)これらの理由により、コミンテルンは、「大衆へ」をスローガンに「統一戦線」方針を追いもとめることになる。これは各国の共産党に、これまで以上に労働組合や改良主義的な、あるいはサンディカリスト的な、無政府主義的な政党ならびにグループと協働をすることを求めるものであった。(31)

「大衆へ」というこのコンセプトは一九二〇年代における無産運動を支配するものであり、これは一九三八年、人民戦線事件に際してその活動家たちが特別高等警察に捕縛されたときと同様であった。労農派に関してまとめた奥平の著作によれば、山川の方向転換論と「大衆の中へ」というスローガンは、運動の実際的な転換をもたらしたものであった。[31]

この山川の理論は、左派学生グループにとっても理論に関する論争の基盤となっただけでなく、その政治的実践に対して具体的な影響を与えるものであった。関東大震災の結果、一九二三年から一九二四年にかけて、東京帝国大学セツルメントは創設されたが、これは本所の労働者地域の間近に置かれた。[33] セツルメントを率いたのは、法学者であった末弘厳太郎であり、資金を提供したのは東京帝国大学、セッラーの家族、帝国内務省であった。しかし運営や活動の主体となったのは、学生自身であり、何名かはそこに寄宿していた。法律相談所のほか、医療相談窓口、託児所、そして労働者向けのその他の部署とともに、一九二四年九月には、労働学校もまた設立された。セツルメントの学生たちは、近隣の工場でチラシを配るとともに、夜間学校の形式で「プロレタリア教育」[34]を施したりした。

労働学校は一九二四年九月から一九三二年一〇月まで開校され、一週間に三回、数十名の生徒に対して「労働者階級向けの、労働者階級に関する」授業がなされた。一九三〇年の春から夏ごろに出版されたセツルメントの年報によれば、労働学校に集った労働者たちは、たいていの場合一七歳から二五歳くらいで、そのうちの半数は尋常小学校しか出ていなかった。一一二人の生徒がいるなかで、女性は十人に一人にすぎなかった。写真には女生徒たちが写っており、女性教育はセツルメントにとって重要課題でありつづけた。同時に組織への参加率はたかく、二人に一人は労働組合員だった。従って、労働学校への参加以前から既に、労働運動に対してたかい関心をもっていたことが推測される。[35]

労働学校での授業は、東京帝国大学の講師による講義や、学生たちが主導する討論会から構成されていた。チューターの参加もあった。講義のテーマとしては、例えば、末弘厳太郎による「農村問題」や「労働法」、片上伸の「心理学」、細野三千雄による「日本労働運動史」、喜多野清一の「日本社会史」や服部之総による「社会学」、喜多野清一の「経済史」などがあった。併せて課外講義もあった。例えば、平野義太郎は「唯物史観に就て」と題して論じるとともに、大森義太郎は、「無産階級と経済界」について論じた。[36] これら講義一覧は、戦間期における日本のマルクス主義の人名総覧の役割を果たしていたとも読める。

討論会では、本所に集った労働者が抱える実際的な問題に関しても議論がなされた。例えば、「議會運動の可否」「職業婦人の増加は悲しむべきか悦ぶべきか」「農民と都市労働者とはその利害は一致するか」「公共事業のストライキの可否」「賣淫《ばいいん》〔ルビは筆者。以下同〕制度の可否」「組合加入の可否」「産児《さんじ》制限について」などがあった[37]。

セツルメントの「レジ」（活動居住者）であった平井巳之助は、一九二九年の労働学校の夜間講義についてこう述べている。「東大セツルメントのなかで、もっとも目ざましい活動をしたのは労働学校である。労働学校は、その当時のセツルメントの目玉であった。夜ともなると、仕事を終えたままの労働者が数十人も講堂につめかけてきた。そのなかには、自分の工場がストライキに突入したので、この講義のなかからストライキに直接関係ある知識を汲みとろうと、熱心に耳をかたむけ、ノートしている労働者もいた[38]」。

夜間学校の授業に関する平井のこの回想は、セツルメントにおいて、マルクス主義的エリートの思想と労働組合の活動主義とがいかに結びついていたかを示すものである。そこで上述したような実際的なテーマは理論的なテキストと交互に参照される。そのなかには山川の手による一〇〇ページほどのパンフレット『資本主義のからくり』もまた含まれていた。

山川の「大衆の中へ」という呼びかけは、東京帝国大学出身の教養エリートによってセツルメントの労働学校という形で置きかえられた。そこに集った学生たち、彼らは同時に「新人会」や日本共産党のメンバーでもあったが、純粋理論的な議論のみで満足することはなかった。ヘンリー・D・スミスの評価によれば、新人会のメンバーの活動主義は「ほとんど、ロマンティックな大衆主義というフィクションに過ぎなかった[39]」ため、その後修正を余儀なくされる。「山川イズム」ならびに、新人会の学生たちは、戦間期、東京の労働組合運動に対して影響を与えつづけた。次節ではこの点を検討する。

2　本所における左派社会主義的労働運動

一九二四年の日本共産党解党に立ちあったのち山川は、その政治的な立場をコミンテルンの影響力の外に置こうとする。一九二八年に日本共産党は再結党するが、その際、山川は参加しなかった。彼はその代わり、一九二七年一二月のマルクス主義的雑誌『労農』の創刊に関わる。同誌は、一九三〇年代に生じた日本の資本主義の発展をめぐる議論において一派をなしたことで知られている。そこに集まったのは、一九三〇年ごろ、コミンテルンの手先でもなく社会民主主義者とも異なる第三の立場をとる活動家たちであった[40]。

彼ら「合法主義者」たち、すなわち、合法的な無産組織結成の賛同者であり、またレーニン的な秘密結社的幹部政党の反対派たちは、無数にある「無産政党」のどれか一つでもって単純に整理することはできない存在であった。その幾人かは一九二五年に設立した労働農民党のメンバーであった。もっとも同党自体はその後、徐々に日本共産党ならびに「福本主義者」に占有されていくようになるが。その他には、一九二五年に日本労働総同盟から分裂した日本労働組合評議会があった。それらの諸組織には、同時期にセツルメントの労働学校に通っていた労働者もいた。例えば、山花秀雄である。複数の社会主義政党の設立に関与した彼は、第二次世界大戦後、日本社会党の国会議員として活動、同党執行部に参加した。一九二〇年代から一九三〇年代の、左派社会主義運動のなかでの山花の極めて積極的な役割については、ここで触れておく必要があろう。

労働組合での政治活動を本格的に行うべく東京に移る前、既に山花は波乱の人生を送っていた。一九一六年、彼は神戸の尋常小学校を卒業、ゴム工場で働きはじめる。勤め先の大福ゴムが倒産し、工場を解雇された山花は、南洋郵船所属の定期航路線の乗組員となる。南洋地域でマラリアにかかったため、ふたたび神戸に戻る。そこで彼は、神戸のとある集会で賀川豊彦と鈴木文治が登壇すると聞き、集会に参加する。そこで感化された彼は、大阪にあった賀川の労働学校を訪れ、一九二四年、東京は本所へと移る。[41] 山花はその短い伝記上で、セツルメントのことについて触れていない。[42] しかし宮田によれば、山花と同地は強く結びついていた。山花は、労働学校の最初期の生徒であっただけなく、娘と息子をセツルメントの託児所に預けていた。同託児所は、当時、「下町のコミューン」として著名だったところである。[43]

一九二八年の三・一五事件に際して生じた大量捕縛にあたって、山花は捕縛を免れることができた。[44] しかし、彼が本所支部を拠点に参加していた労働農民党は結社禁止処分となる。後継組織となるはずだった労働者農民党の設立が失敗に終わると、労働農民党に集っていた人々は、政党活動を続けるにあたって、合法路線、非合法路線どちらをとるかで二つの派閥に分かれた。山花は合法路線の派閥に残り、一九二九年一一月に新労農党の委員長となる大山郁夫の、護衛兼アシスタントとして活動する。同年、山花は二五歳にして、一九三一年まで存続した同党の常任中央執行委員となる。[45] なお大山の護衛は、右翼からだけでなく左翼からの攻撃も想定したうえでのものだった。というのも、大山はその合法路線維持の決定以降、非合法活動を続ける日本共産党の構成員から攻撃を受けていたためである。山花は、非合法下の日本共産党が浸透工作を行っていた労働農民党の『無産者新聞』で、大山を犬として描く風刺画を見たと回想している。[46]

合法的な「無産政党」の結党に向けた政治的活動とならんで山花は、東京の労働組合運動にも活動的に参加する。一九二九年に彼は、東京金属労働組合を結成、委員長に就任していた。一九三〇年代、複数の無産政党の中で活動するとともに、一九三一年七月に設立された全国労農大衆党の中央執行委員になる。しかし全国労農大衆党の一角をしめる社会大衆党内で、日本帝国の手による「アジア解放」への支持が広がるなかで、山花は、東大新人会の織本利（織本侃）や、加藤勘十らとともに、同党を離れ、労働組合運動に専従するようになる。山花は東大セツルメント時代以来、活動家としてアクティブだった織本を知っていた。また加藤勘十とも、全国労農大衆党の離脱以来、政治的に近くなっていた。

読売新聞のある新聞記者から、フランスで人民戦線内閣が成立した旨を聞いた山花と加藤は、日本でも人民戦線運動を行おうとする。本所公会堂で実施した旗揚げ演説会が解散処分となったことを受けて行った警察糾弾のための演説会で、山花は逮捕され、三回目の入獄を経験する。一九三四年、加藤勘十の率いる全労統一全国会議と山花が中央執行委員を務めていた日本労働組合総評議会とが合同し、日本労働組合全国評議会（全評）が結成された。山花は直後に書記長になる。この時から、全評は日本無産党とも協力関係を結びはじめる。一九三六年は無産政党にとって勝利の年であった。すなわち、同年二月の衆議院議員総選挙で山花が支援した候補のうち、加藤を含む三名が当選するとともに、同年四月の選挙でも無産諸政党の候補、計三八名が当選する。このような状況の転機となったのが、日中戦争の開戦であった。無産諸政党の合同に関して合意していたはずの社会大衆党は、そこで戦争支持に回る。一九三七年一二月一三日の人民戦線事件に至るまで、山花ならびにその他の活動家たちは、アジテーション集会を通じて、戦争にたいする反対の声をあげつづけた。しかし集会はすぐに許可されなくなる。人民戦線事件の結果、逮捕された山花は巣鴨に収監され、一九三九年一二月中旬に保釈される。その後、一九四一年に実刑判決を受けた彼は控訴し、被告身分のまま第二次世界大戦の終結をみることになった[47]。敗戦後、彼は加藤勘十とともに日本社会党の指導部にありつづけ、衆議院議員として当選数回を経て、一九六九年に引退した。この間、彼は、日本労働総同盟の再建に関わり、日本労働組合総同盟の中央委員となった。彼の地盤はその後、息子貞夫ならびに孫の郁夫が受けつぎ、ともに衆院議員となっている。

東京は本所でセツルメントと労働組合運動とを結びつけたのは、山花だけではなかった。全国労働組合自由連合会もまた、両者が交差するところだった。この小規模無政府主義的な労働組合には、一九二七年時点で一万五千人が参加しており、その事務所はセツルメントの近くに置かれていた。その指導者の一人であった歌川伸は、セツルメントのすぐ近くにある同潤会アパートに住んでおり、その姪はセツルメントの講習会に参加していた。一九二七年三月、彼は、オーストラリアのニューサウスウェールズ労働者評議会の招待を受けて、翌月香港で開催される予定であった太平洋労働組合会議に、全国自由連合会の代表の一人として参加する[48]。帰国後、代表団はこの会議が「共産党の策謀」

と述べている。これはコミンテルンの指導下にあった労働組合の国際組織であるプロフィテルンの幹部が、彼らの発言を一顧だにしなかったためである。(48) ただし歌川の評価は異なっていたようで、一九二九年に共産党に入党した彼は、親共産主義的労働組合運動に身を投じ、一九四四年、獄死する。

本節でこれまで述べてきたことをまとめるなら以下のようになるだろう。山川の無産運動への影響力は、東京本所において、知識人エリートと労働組合運動の実践の結合を可能とするものであった。東京帝国大学の学生を通じて、若い労働組合の活動家に受けつがれた政治的アジテーションは、政治的なビオトープをもたらした。そこで生まれた左派社会主義的な運動は、日本共産党のような秘密主義的細胞構造や、そのコミンテルンの政治にたいする強い指向性をもつことなく、あるいは社会大衆党のような帝国主義的社会主義に陥ることなく、成立することになる。次章では、山川の「大衆の中へ」というテーゼとセツルメントの実践、そして転向・非転向の間にどのような関係があったと考えられるか、検討したい。

3　人民戦線と転向

日本の左翼は、一九三三年の段階で既に酷い苦境に置かれていた。一九三一年の満州事変、そしてその後の中国東北部の占領に続いたのは、日本国内における左派勢力の弾圧である。一九二九年の四・一六事件で、治安維持法のもと、既に鍋山貞親をはじめとする幹部を含む多数の活動家が逮捕されていた日本共産党であったが、一九三二年には、当時中央委員長であった佐野学もまた逮捕され無期懲役の判決を受ける。

一九三三年六月に佐野と鍋山が出した、革命的共産主義を放棄し天皇制ならびに日本国家を受容するという声明は、他の同志を驚愕させるものであった。この声明を皮切りに刑務所に収容されていた共産党員の大量転向が始まる。

一九四三年までに、二千名以上が革命路線を放棄したというが、その大半は共産主義者であった。大半がその理由として自らの国家にたいする意識の変化を挙げたが、第一の理由として家族と離れていることを挙げるものもまた同様に多かった。それ以外の理由として挙げるべきが、獄中で死ぬことにたいする恐れである。一九三六年五月、政府は、思想犯保護観察法を成立させる。同月には、収監中の四百名を超える共産党員のうち、その約四分の三が転向することになる。(50)

転向に至った理由は多様である。転向者として鍋山は、自身の転向に対して厳密な政治的理由を与えている。日本共産党は「一部少數の野心的な小ブルジョアインテリゲンチャ、特に燥狂的な文化人に乗っ取られ(51)」、労働者とのつながりを失っていたというのである。また佐野にとって、その転向は「労働者大衆との結合」を取りもどし、彼らのなかに飛びこむことを意味していた。ここで重要なのは、以下で触れる平井巳之助の例が示すように、多くの転向者たちは自らのことを転向後もなおマルクス主義者と捉えていたということである。

平井は、東京帝国大学法学部で学び、一九三〇年に卒業した。卒論のテーマは、女性教育に関するものであった。彼が実施したフィールドワークのうちいくつかは、同大のセツルメント・ハウスで実施されたものであった。同ハウスは、関東大震災後の一九二四年に本所の地に建てられたものである。彼は一年間、実際にその住人としてドミトリーの二階に住みこんだ。そこで彼は、戦間期の代表的な共産主義者によって運営されるセツルメントの労働学校に感化されたに違いない。なお彼ら共産主義者の多くは、一九三〇年代の中頃、転向することになるが。いずれにせよ、労働組合の活動家が日夜、セツルメントの労働学校に出入りしたことから分かるように、セツルメントは、マルクス主義的学生と本所の労働者たちの相互作用の集合体だった。平井は一九三一年に逮捕され、刑務所で四年間過ごすことになる。

平井がのちに著した回想録を読む限り、彼が転向したと述べることはない。しかし、釈放後、彼は「思想転向者」の互助組織である同友会に雇用された。同会は、西本願寺津村別院の財政支援のもと設立された組織で、財政的に自立した組織であった。このことでもって平井は、帝国更新会をはじめとする検察当局の直接支配下にある「思想転向者」の保護団体との差異を強調する。とはいうものの、ウォードが指摘するように、同会は司法省が認める四つの思想犯の「更生」団体の一つであり[52]、政治犯にたいする国家的な抑圧機構の一角をなしていたといえよう。平井は同会の初代書記となる[53]。

同友会は左派活動家の社会復帰を目指す組織であったが、彼自身がマルクス主義を放棄したことを意味しはしなかった。平井は彼が一緒に働いていたグループでは定期的な勉強会を実施しており、そこでは共産党に近い、講座派の政治経済学者の一人が書いた『日本資本主義分析』という名のマルクス主義的なテキストを読んでいたと回想している。平井は当時、多くの一般的な共産党員は偽装転向したにすぎなかったと述べている。転向者は釈放後、家探しや仕事探しの面で困難を抱えることがあった。平井は同友会で彼らのあたらしい仕事を探してやったりした[54]。

一九三八年の前半、平井に突然、北京渡航の許可が下りる。同地で平井は、戦争遂行に必要となる現地での綿栽培を増進させようとしていた日本軍の管理下の機関「華北棉産改進会」の職員として働きはじめる。平井にとってそれは、一九二〇年代後半に経験した農民組合での活動の延長線上にあった[55]。一九四五年の日本の敗戦後、帰国するために十分な資金をもたなかった平井は、内モンゴルに近い地域へと移住する。同地は当時、中国共産党の支配下にあった。彼はそこで、八路軍の上部にかつての日本共産党での証明書を見せることで仕事を得、最終的に彼自身の経験ともつながる政治的再教育の専門家となる[56]。

その約一年の後、平井が戦中、政府機関で働いていたことを知っていたある日本人収容者がそのことを密告し、彼は再度「政治犯」として、今度は中国共産党によって収容所に入れられる。その後、一九四七年に彼は日本に送還され、そこで再度日本共産党に入党、日中友好協会大阪支部を設立した。一九五〇年のレッドパージの中で、平井は『人民日報』を配布した罪で逮捕され、アメリカ軍の軍事裁判所によって懲役三年が命ぜられた。

平井巳之助は複数の理由から複数回、転向した転向者の一例と言える。当初、共産主義的活動家たちの多くは、転向に傾くことを拒否できなかった。転向の政治的・実際的次元は検討されるべきである。行政組織や宗教的、個人的な組織によって、「社会復帰（更生）」の手立てが取られるなかで、活動家のうちの幾人かにとっては転向することが簡単となったようである。また併せて、すくなくとも平井の解釈によれば、中国の占領地域で政治的活動を続けることも容易となった。平井にとって、日本の小作農民を煽動するのも、日本の軍隊が管理する中国北部の傀儡国家の小作農民を煽動するのも大した相違はなかった。平井が中国に対するルサンチマンを抱えていたわけではないのは、彼が戦後、中華人民共和国に対して行ったことに現れている。ただし、一九三七年の末から、平井が日本政府組織ならびに植民地当局に協力する頃、日本無産党の活動家や労農派の知識人たちは、労働者による組織だった反対運動派を構築しようとしたのである。

日中戦争の開戦後、反体制派は、「人民戦線」を構築しようとした。もっともこれは、開戦を熱烈に歓迎した社会大衆党を除いてのものである。そこで手本とされたのがコミンテルンによって喧伝された人民戦線戦術である。それはフランスとスペインで受けいれられた後、日本においても一九三六年以降頻繁に議論されていた。日本共産党は当時、存在していなかったか、彼らの言葉に反して大きな力をもっていなかった。日本共産党に変わって中心となったのが、一九三六年一月に結成された労農無産協議会であり、協議会は翌年、日本無産党となった。[57]

日本無産党が存続したのは、一九三七年三月から一九三七年一二月と一年に及ばない期間であった。これは、人民戦線事件に関与した人々、労農派知識人が大量逮捕されたあげく、同党が結社禁止処分となったことによっている。同党を設立したのは、加藤勘十、荒畑寒村、鈴木茂三郎らである。山花秀雄は特高によって指導者として挙げられた七人のうちの一人であった。[58]鈴木は、『労農』の編集者の一人であり、かつて日本共産党の代表者であった山川均と強固な関係をもっていた。日本無産党は、社会革命的な政党であり、マルクス主義者やかつての日本共産党員、左派労働組合員らが参加していた。このように労働組合運動と距離が近かったことから、日本無産党が山川の政治路線を指向していたと考えられる。むしろ、山川が一九二九年一二月に『改造』誌上で示した「共同戦線党」戦術こそ、日本無産党の形を決定するものであった。すなわち山川は産業労働者との連携だけでなく、小作農、小農、サラリーマン、小規模自営業者らとの連携を模索していた。また、無産政党は、秘密結社的なアヴァンギャルド政党ではなく、改良的かつ議会主義的、労働組合的に活動するとともに、革命政党の「歴史的義務」を自覚しておかなければならないとした。(59) 従って、その限りにおいて日本無産党のモデルは、革命という文脈で考えつつ、それを労働運動の実際に落しこもうとしたという点で、東京本所に集まったセツルメントならびに労働運動の活動家たちの試みと類似していた。二・二六事件や日中戦争の開戦によって、このようなプラグマティックな思想に、さらに反ファシズムの立場が加わった。この立場は、日本政治の「ファッショ化」ならびに大陸への帝国主義的支配に対して、決然と向けられたものであった。

この人民戦線の試みは、長くは続かなかった。一九三七年一二月一五日から翌年二月一日にかけて、日本無産党や労農派関係者、四八四名が逮捕された。これによって日中戦争が総力戦へと向かう流れにたいする合法的な抵抗は終わったのである。確かに、逮捕されたもののたちの多くに対して、第二審で無罪判決が出されたものの、彼らは数年間にわたって拘束されたのである。目を引くのが、ここで逮捕された指導的人物のうち転向したものがいないことである。かつての新人会のメンバーであった伊藤好道は、その逮捕後、満鉄調査部に職を見つけた。これは他の、東京大学出身の新人会メンバーと同様にであった。しかし、たいていの活動家たちは、隠棲し、いわゆる内的亡命の時代を送ったようである。第二次世界大戦後、日本無産党のかつての指導部の大半は日本社会党の左派を構成する。

おわりに

日本の一九二〇年代と三〇年代における抵抗とラディカリズムは、転向ならびに非転向と一貫して関係をもつものであった。左派社会主義的なグループ化は、山川均の政治的な影響力のもとで生じた。そして、東京帝国大学セツルメントで体現された、理論と実践のプラグマティックなつながりから影響を受けたものであった。山川均のような活動家は、東京帝国大学の知的エリートと同地の労働運動とをつなぐ場所を作っていた。これらの重要なグループは、秘密結社的なボルシェヴィキ政党を作ろうとして失敗していた日本共産党に対抗するとともに社会大衆党のような国民社会主義的路線にも対抗しつつ、両者の間で自らの道を選ぼうとした。ソ連を中心とするコミンテルン式の共産主義と、戦時下の監視・刑罰組織という両極端の間で、片方の極からもう一方の極に移ることが難しかったことは、平井の例が示すとおりである。そこでは、一九一七年以前に日本に輸入され本所のセツルメントや労働組合運動で用いられた「大衆の中へ」のような、ボルシェヴィキ的でない社会主義が、日本では明確に痕跡を残すことになった。転向が自発的なものとして、あるいは国家の圧力下で生じた自らの運動（日本共産党）にたいする抵抗――転向者はそこで国家の恩恵にあずかることができた――として理解できる一方で、反体制派のなかにあった左派社会主義的な反対派は、自らの運動をも批判することに慣れていた。このような「反体制派のなかの反対派」こそが、日本無産党のような左派社会主義的なグループが存在するための前提条件となったのである。

第六章　一九二〇／三〇年代ドイツ小規模社会主義組織におけるラディカリズム

――ＩＳＫとノイ・ベギネンを中心に

鈴木健雄

はじめに

本章は、一九二〇年代から三〇年代前半におけるドイツの社会主義・労働運動における「ラディカリズム」のあり方の一端を、同国の小規模社会主義組織の事例をもとに描こうとするものである。検討対象とするのは、ＩＳＫ（国際社会主義闘争同盟）並びにノイ・ベギネン（Neu Beginnen：新規蒔き直し）の事例である。

一九二〇年代後半に社会主義を標榜する小規模組織として生じた両者は、ＳＰＤ（ドイツ社会民主党）、ＫＰＤ（ドイツ共産党）という同時期のドイツの二大社会主義政党に対してラディカルな批判を浴びせるとともに、社会主義社会実現のための両者とは異なる道筋を模索したことで知られている。また、一九三三年のヒトラー政権成立後は、国内組織を堅持しつつ反ナチス統一戦線の構築と同政権の打倒を目指して、国内外において積極的な言論活動を続け、反ナチス抵抗運動の中で存在感を示した。

その設立から解散に至るまで、両者はあくまで小規模組織に過ぎなかった。しかし、単なるセクトと軽んじることができないのは、一九四一年に結成された在英ドイツ亡命社会主義者諸組織同盟において、両者が亡命社会民主党指導部（ゾパーデ）らとともに、共同代表組織となっているためである。[1]この「同盟」は、戦後ドイツでＳＰＤが再建されるに際して母体となった集団の一つとされる。[2]プルムの古典的研究が示すように、一九三三年以降一九三九年に至るまで、ゾパーデは他のドイツ亡命社会主義組織に対してドイツの社会主義者の代表権を分けあたえることを強く拒んでいた。[3]そのため、共同代表という形であれ、「同盟」において他組織に、しかも小規模組織であった両者に代表権を認めたこと自体が画期的な出来事であった。

ところで、ＩＳＫとノイ・ベギネンが成立した一九二〇年代は、ドイツの社会主義・労働運動が大きく変化する時期であった。その最大の変化が、同年代初頭におけるＳＰＤとＫＰＤという二大政党の成立である。[4]それ以降、ＳＰ

Dは「ヴァイマル連合」の一員として軍部や官僚、企業家といった守旧派とも妥協しつつ、ヴァイマル民主政の維持に努めようとする。これに対してKPDは、特に一九二〇年代後半以降、「スターリン化」という言葉が象徴するように、ソ連共産党が実質的に支配するコミンテルン（第三インターナショナル）によって指導方針を左右されることになる。(5)

こうして社会主義勢力が「左右」(6)へと分かれ、互いに「社会ファシズム」「全体主義」という批判を浴びせあうなかで、両党の方針に異を唱える組織が、小規模ながらも複数、その内外に成立することとなった。これもまた一九二〇年代における大きな変化の一つといえる。この「分派政党（Splitterpartei）」と呼ばれる(7)小規模組織・政党のうち、先述の「同盟」に参加したのは、ヴァイマル期最大の分派政党であったSAPD（ドイツ社会主義労働者党）の他にはISK、ノイ・ベギネンのみであった。(8)ヴァイマル期、SAPDの最大党員数が二五〇〇〇名だったのに対して、ISKでは三〇〇名、ノイ・ベギネンでは一〇〇名だったことに(9)鑑みたとき、後二者の特異性が際立つであろう。

それでは、両組織の「ラディカリズム」は何であったのか。詳細な議論は本論に譲るとして、ここでは先行研究で指摘されている点を整理したい。まずISKである。ゲッティンゲン大学の私講師であり哲学者、教育改革者であったレオナルト・ネルゾンによって設立されたISKは、今日、「倫理的社会主義（Ethischer Sozialismus）」を標榜した組織として、後述する「ゴーデスベルク綱領の父」ヴィリー・アイヒラーの名とともに、第二次世界大戦後西ドイツにおけるSPDの大衆政党化との関わりのもと語られることが多い。(10)しかしながらヴァイマル期、ネルゾン並びにアイヒラーらISKの構成員は、反議会制民主主義、指導者原理の強調と寡頭制の支持、そして社会主義を標榜しつつも史的唯物論を否定する立場にあり、SPDやKPDといった既存の社会主義政党と対立していた。その著作でSPDが国民政党となっていく過程を詳述したレッシェとヴァルターが、ネルゾンならびにISK構成員の思想を、権威主義的かつ反民主主義的な「常軌を逸した理念」と切り捨てるように、彼らの主張は、当時主流であった社会主義理解とは異なる、極めてラディカルなものであったと理解されている。(11)

このＩＳＫの哲学的思索に基づく理念的かつ理想主義的なラディカルさに対して、ノイ・ベギネンの場合、歴史、社会分析に基づく、ＳＰＤ、ＫＰＤの社会主義理論と実践に対する批判の激烈さと、その影響力の大きさが指摘されている。すなわち、ＳＰＤの傘下にあったノイ・ベギネンが一九三三年九月に出版した同名の冊子『ノイ・ベギネン！（新規蒔き直し！）』は、ナチの権力伸長に際してのＳＰＤ、ＫＰＤの受動性を批判するとともに、その背景にあった革命の自然発生性に対する期待感を誤りとし、社会主義勢力を結集させる必要性を説いた。[12] 特に、ＫＰＤに対しては史的唯物論をドグマとし、社会主義組織分裂の原因をその戦術に帰すなど、ラディカルな批判を加える。同冊子でなされた批判と提言は、その翌年の一月にゾパーデが発表した、ＳＰＤの過去を総括し革命闘争の必要性を認めた「プラハ宣言」にも、影響を与えたといわれる。[13]

このように、今日的視点からみて「ラディカル」と評しうる両組織であるが、一九二〇／三〇年代という同時代の視点からみたときどのように評価できるであろうか。本書の「はじめに」における中島氏の指摘によるならば、「ラディカリズム」とは、個別の時代状況・地域の現状に対して反発・抵抗し、それを変革しようとする運動のことである。そのため時代状況や地域の現状に即した分析が必要となる。そこで、本章では、まずは同時代的な文脈からＩＳＫとノイ・ベギネンという出自の異なる二つの小規模組織を対照させつつ検討することで、両者がいかなる点で当時にあってラディカルであり、またラディカルではなかった——すなわち時代の産物に過ぎなかったか——を検討する。その上で、両者の事例を手掛かりとして、当時のドイツの社会主義・労働運動の傾向と変化について考察する。さらに、そこで見定めた両者のラディカリズムによって、その後何が準備されたのかについて仮説的ではあるが展望を示したい。この作業は、先述の一九三〇年代におけるドイツ社会主義諸組織の立ち位置の変化の理由の検討ともつながってくるはずである。

1　ＩＳＫのラディカリズム

（1）指導者原理と反議会制民主主義、反史的唯物論

ＩＳＫの前身は、ＩＪＢ（国際青年同盟）という青年運動の流れを汲む組織であった。一九一八年の成立当初、ＩＪＢはネルゾンの教え子や青年運動関係者といった教養市民層出身の若者を中心とした組織であったが、その後、労働者階級の若者も取り込み拡大する。一九二六年一月のＩＳＫ設立後、全盛期の党員数が約三〇〇名、協力者を合わせた数も約一〇〇〇名と、決して大きな組織ではなかったが、ドイツ全土にネットワークをもち、強い結束力で知られた。(14)

今日、ネルゾンをはじめとするＩＳＫの関係者の思想は、「倫理的社会主義」という名称で知られている。社会主義の基礎に、物質的な価値ではなく、自由や公正、平等という倫理的な価値を据えるこの思想は、一九二七年にネルゾンの跡を継いで同党の党首となったアイヒラーによって、第二次世界大戦後、一九五九年に制定されたＳＰＤの基本綱領「ゴーデスベルク綱領」へと移植されたとされる。(15)この「ゴーデスベルク綱領の父」(16)としてのアイヒラーと、その師であるネルゾンという構図において、ネルゾン並びにＩＪＢ／ＩＳＫの思想は、戦後西ドイツにおける社会民主主義の主潮流に回収されたかにみえる。しかし、少なくとも一九二〇年代並びに三〇年代において、彼らの主張は、決して社会主義の主流派ではなかった。すなわち、「ネルゾン同盟」と揶揄された彼らは、ネルゾンの哲学的思索の末生じた、極めて観念的かつ、ややもすると排他的、エリート中心主義的とも理解されうる主張を掲げていたのである。

実際に、彼らはどのような立場をとっていたのであろうか。彼らについて語られる際、指摘されるのが、以下の三つの立場、すなわち、議会制民主主義を否定するとともに、理性の働きを阻害するものとしてキリスト教会を否定、

また、ドグマとして史的唯物論を否定する立場である。民主主義に代わる理想の政体として掲げられたのが、少数のしかるべき教育を受けた「指導者」による「理性の独裁」であった。

この「理性の独裁」という言葉について、少し説明したい。ネルゾンの哲学は、「理性の自己信頼」という言葉で表されるように、人間理性に対する絶対的な信頼を根本に置くものであった。彼によると、理性とは「万人が備え万人に共通するもの」であり、「一般妥当的な規範を認識する力」である。そうである以上、理性がそれそのものとして発揮されることで、公正でかつ道徳的な状態が生じる。しかし、実際には人は、恣意性や偶然性といった外的な阻害要因によって、理性の力を発揮することができていないという(17)。

そこでネルゾンが求めたのが、外的要因に作用されずに理性を発露できる人物の存在であった。そのような人物が指導者として、物事の決まりすなわち「法（Gesetz）」を定め統治することで、公正な社会が生まれるとネルゾンは説くのである。一部の支配者が政治を支配するという状況は一見すると独裁的に見えるかもしれない。しかし、両者は質的に異なるとネルゾンはいう。なぜなら、その人物は理性の力によって一般妥当的な公正さを認識しているからである。ネルゾンがＩＪＢ／ＩＳＫに期待したのは、このような指導者を生み出すための教育機関としての役割であった(18)。

このようなネルゾン並びにＩＪＢ／ＩＳＫの構成員らの思想に対しては、過去においても現在においても批判が加えられてきた。例えば、一九二五年のハイデルベルク党大会でＳＰＤの党指導部は、当時同党に所属していたＩＪＢを除名処分とするにあたって、以下のように批判する。「このセクト〔ＩＪＢのこと：筆者補足、以下同〕の教えは、マルクス主義や民主主義とは真っ向から対立すること」である。「民主主義とは何で、社会主義とは何かを知らない人々を〔誤った教えによって〕囲い込もうとしている」が、「そのような組織の存在は許されるものではない」と(19)。また後世の視点からでは、先述の通りレッシェとヴァルターが「常軌を逸した」と評するとともに、現代史の大家であるラカーも、ネルゾンの急進さを指摘している(20)。

それでは彼らの立場は、同時代のドイツにあって全くの荒唐無稽なものだったのであろうか。ここで指摘する必要があるのが、確かに急進的なものではあったが、それでもなお同時代的な文脈のなかで、一定の理解と広がりとをもつものであったということである。以下、確認したい。

まず、議会制民主主義の否定と、然るべき能力を備えた指導者による「理性の独裁」の支持という点である。ゾントハイマーの古典的著作が示すように、今日では理解を得がたいこのような思想も、ヴァイマル共和国においては決して珍しいものではなかった。反議会制民主主義の立場としてそこで挙げられる事例としては、例えば、『西洋の没落』で知られるシュペングラーがいる。彼の場合、選挙で選ばれた代議士は議会を食い物にするのみで政治の質を劣化させる存在に過ぎないと、議会制民主主義に対して否定的な態度を明確にしていた。また、保守革命の思想家として有名なユングの場合、議会は劣等者の選別場に過ぎなかった。このような議会制民主主義を否定する立場は、右派ナショナリストや急進保守派だけでなく左派や民主主義者と自認する人々においても共有されていたとされる。(21)

この議会制民主主義に反対する立場から生じたのが、議会が真に国民の意思を代表していない以上、国民が指導者を望み、指導者が国民の意思を代表するならば、独裁こそが真に民主主義的であるという言説である。その際求められたのが、適切な資質、能力を備えるとともに人格的責任のもと人々を導いてくれる指導者であった。特に青年運動の文脈では、この種の指導者はメンバーの中から生まれるとされた。(22) 先に述べたネルゾンの指導者像は、まさにこの指導者理解のなかに含まれるものであったといえよう。

では史的唯物論に対する立場はどうであろうか。先にも触れたように、彼らはそれを否定した。人間の外部に歴史的な発展法則があらかじめ存在しており、その法則に従えば、必然的に社会主義社会へと至るという理論は、人間理性の決定を至上の存在とする彼らにとっては、到底受け入れがたいものであり、ドグマに過ぎない、というのがその理由であった。(23) この、ネルゾン並びにＩＳＫの立場に関しては、当時、社会主義的な青年組織にあって史的唯物論に懐疑的な立場が広く存在していたことをここでは指摘したい。その代表例が「青年社会主義者（Jungsozialisten）」である。「青年社会主義者」は、第一次世界大戦の始まりを機に接近した社会主義的な青年と社会改革を志す教養市民層出身の青年たちによって設立された、種々の組織を母体とする。自然発生的に生じた複数の組織を、大戦後にＳＰＤの指導部が下部組織として再編することで成立した[24]。その中には、右翼ナショナリズム的な思想から宗教的な改革思想、あるいは純粋なマルクス主義を信奉する立場まで、複数の思想潮流が流れ込んでいたが、そのうちの大きな潮流の一つが、マールブルク学派に由来する思想潮流であった。ネルゾンと同じく新カント主義に位置する同潮流にあって、ヘーゲル的な弁証法とともに、その影響を受けた決定論の一つといえる史的唯物論は、哲学的に根拠のないものとされた。また、「青年社会主義者」の主流派の一つである「ハノーファーグループ」でもＩＪＢは急速に支持者を伸ばしたとされる。これは、史的唯物論への懐疑と、生活改善・教育改革的要求という点で、青年社会主義者とＩＪＢの志向性が合致した結果であった[25]。

このようにみてきたとき、議会制民主主義の否定と「理性の独裁」の支持、そして史的唯物論の拒否という従来、ネルゾン並びにＩＪＢ／ＩＳＫの構成員のラディカルさを示すものとされてきた特徴は、必ずしも彼らのみが備えたわけではなく、同時代において広く共有されていたものであったと結論づけられよう。

（２）「幹部政党」として

それでは、彼らのラディカリズムはどこにあったと言えるのだろうか。結論を先取りするならそれは、彼らが幹部政党を志向し、実際にそのような組織を構築したことにあると思われる。その際、ＩＪＢ以来の組織的特徴が基盤となった。以下、整理したい。

まずＩＪＢの組織構造であるが、ネルゾンを頂点とするピラミッド型構造をとっていた。党規約[26]によれば、ネルゾンの下に幹部会があり、その下に全国組織、地域組織、個々の党員とつながるものとされていた。ネルゾンは「哲学＝政治アカデミー」の最上位の指導者とされ、幹部会メンバーの任命権をもつものとされた。「学問的な基盤に則った政治教育」を通じて「すべての人民の若者による理性の党を設立すること」を目的とする同党にあって、教育を担うアカデミーの長が最高指導者の位置にあることは矛盾のないことであった。

ＩＪＢの構成員のなかでも、「インナーサークル（Innere Kreis）」と呼ばれた幹部および幹部候補生に対しては、「最低限の要請（Mindestforderung）」と称される厳しい規則が課された。具体的には、菜食主義の徹底、ニコチンやアルコールの不摂取、性交渉の禁止、独身生活の継続、そして教会からの脱退といった規則である。それらの活動が理性の行使を妨げるため「尊厳に満ちた生活を送る」上で適さないというネルゾンの思想に基づくものであった。さらに、年に一度一〇日間にわたってゲッティンゲンで開催される講習会への参加が義務付けられるとともに、教義と実践を両立させるべく既存政党内での政治活動もまた義務付けられた[27]。

もともとネルゾンの思想に共感を覚え入党し、また入党後も直接・間接的に教育を受けた党員たちにとって、ネルゾンの思想は大きな影響力をもつものであった。例えば、インナーサークルの一員であったエーリッヒ・レヴィンスキーは、初めてネルゾンと会った日の出来事に触れて、「それ以降、自分の人生が意味を持つようになった」と回想している[28]。また、ネルゾンの後継者であるアイヒラーは戦後、ネルゾンとの出会いによって、社会主義の役割と「人の活動の基本に置かれるべき価値に対する洞察力」とに目を開かされたとする。彼らがネルゾンの思想に触れたきっかけは、ともに、その著作によるものだったとされる[29]。一九二四年五月に寄宿制の学校ヴァルケミューレ田園教育舎の設立後、教育対象は青年層から、子供にも拡大された[30]。

このようにＩＪＢはネルゾンを中心に、教育を媒介として組織的な結束力を誇ったが、合わせて指摘すべきが、その他組織への浸透力である。出自を問わず、然るべき教育を受けることで社会的地位の上昇が約束されることを意味するネルゾンの指導者教育並びに「理性の独裁」の思想は、先述の指導者を求める声と相まって、幅広い層に対して魅力をもつ思想であった[31]。そして、一九二〇年代初頭以降、既存の政治団体・組織内で積極的なリクルーティングが行われた結果、「共産主義青年」や「社会主義プロレタリア青年」、「社会主義労働青年」といった既存の社会主義政党の青年組織の構成員や、当時ドイツ最大の教員の労働組合であった「ドイツ教員協会」の組合員に支持者・党員を拡大することになった。一九二五年のハイデルベルク党大会で、協力者を加えてもたかだか数百名規模の小組織であるＩＪＢに対して、異例ともいえる名指しでの批判がＳＰＤ指導部から加えられた背景には、このようなＩＪＢの影響力の伸長があったと推測される。[32]

ハイデルベルク党大会でＳＰＤから除名された結果、ネルゾンは独自政党であるＩＳＫを設立する。同党を設立する上で、ネルゾンが志向したのは、レーニンが一九〇二年に『何をなすべきか』で提唱したような「職業革命家」による幹部政党であった。設立に際して行った演説で彼は、レーニンが学校を創設しそこで職業革命家を育成することでロシア革命を成功させたとして、レーニンのコンセプト並びに実行力を高く評価する。そして社会主義を実現するための闘争に対して、長期間に渡って身を捧げることのできる人物が必要であるとし、そのような闘士による組織がＩＳＫであると述べる。[33]

ＩＪＢからＩＳＫへと変わるに際して、名称に「社会主義」という言葉が置かれ、党規約でも「搾取なき社会の実現」が目的として掲げられるなど、[34]青年運動団体から社会主義組織への転換がみられた。幹部政党を志向した背景には「理性の独裁」を求めるＩＪＢの元来の主張があったとみるべきであろう。一九二七年一〇月のネルゾンの死後、アイヒラーが党首となっても人間の理性を重視するこの立場は、指導者教育の重視や、反キリスト教会、反史的唯物論といった立場とともに踏襲された。[35]ＳＰＤのキリスト教会に対する融和的な態度は、批判の対象となった。また、史的唯物論を否定する立場からＫＰＤに対しても批判的な立場がとられたが、ＳＰＤと比べると反キリスト教会という立場において支持できるということで、消去法的にではあるがＫＰＤに対する選挙協力もなされた。[36]

では、このあくまで小規模の、しかしながら強い結集力を備えた幹部政党というＩＳＫの特徴は、一九三〇年代における反ナチス抵抗運動のなかでどう活きてきたのであろうか。党指導部がナチスに対する闘争を宣言するのは、一九三一年夏のことであった。前年の四月の段階ですでに、差し迫った危機としてナチスの独裁が近づいており、自由と公正さが脅かされているという懸念を『ＩＳＫ』上で表明していた同党であったが、本拠地をゲッティンゲンからベルリンへと変えること、そして同地で日刊紙を刊行し、主に出版活動を介した抵抗運動を行うことを幹部会の場で決める。このような決定の背景には、ナチ党が政権を獲得した場合、それが長期化するであろうという予測があった[37]。方針決定後、アイヒラーは翌年一月一日の日刊紙『フンケ』の発刊に至るまで並々ならぬ努力をする。そしてＩＳＫの個々の党員たちもまた金銭的・人的資源をそこに投じた[38]。この献身性は、目的のためには自己犠牲を厭わないという同党の特色によるものであった[39]。

これらの小規模幹部政党としての特色は、同党が正式に解党を決定し、アイヒラーが国外に亡命する一方で、多くの党員が非合法の地下活動に身を投じ、反ナチス抵抗運動を継続する際にも、大きな強みになったとされる[40]。一般に、ＳＰＤやＫＰＤといった大衆政党の場合、その主要構成員が誰でありどこにいるかを官憲がすでに把握しているために、非合法活動に至るまでに捕縛されるという事例が多かった[41]。小規模組織であるＩＳＫの場合、構成員の顔ぶれはもとより、そのつながりについても十分に把握されていなかったとされている。一九三二年の段階から非合法活動の準備を始めていたことも、功を奏した。偽名で呼び合うとともに、独自の暗号でやり取りを行うようになった。指示、連絡系統も複雑化、分散化され、仮に一人が捕まったとしても組織全体が危機にさらされないよう再構成された[42]。

ＩＳＫによる国内での抵抗運動は、一九三七年から一九三八年にかけて秘密国家警察「ゲシュタポ」による一斉取り締まりによって、一〇〇名以上が逮捕されるとともに最後に残った南ドイツの抵抗拠点が壊滅されるまで続いた。また、国外ではアイヒラーのもと、一九三四年から一九四〇年にかけてパリを拠点に、その後はロンドンで主に出版・言論活動を中心とした抵抗運動が続けられた[43]。このように活動が継続できた背景には、理想の実現のために自己犠牲を厭わないというネルゾン以来受け継がれた精神があったとされる。また前身組織であるＩＪＢ以来、高等教育を受けたことのある構成員が比較的多く[44]、『ＩＳＫ』や『フンケ』といった定期刊行物を制作、発行するなかで、亡命以前から出版経験を積んでいたことも挙げられる。

亡命の最中、アイヒラーを中心に出版した『Sozialistische Warte（社会主義的見地）』は、他の社会主義組織に所属する人々や自由主義者、言論人といった立場を異にする人々にも広く開放された。この出版活動を支えたＩＳＫの情報ネットワークはその情報の正確さと相まって、のちの連合国の信頼を勝ち得たとされる。また継続的な出版活動によって他の亡命組織から一目置かれる契機ともなった。

このように小規模幹部政党でありまた言論活動並びに反ナチス統一戦線構築の議論において中心的な役割を果たしたという点で、ＩＳＫと類似の特徴を備えた組織がノイ・ベギネンであった。次節では、そのラディカリズムについてみていきたい。

2　ノイ・ベギネンのラディカリズム

一九三三年九月にグラフィア社から出版した小冊子(45)のタイトルをとって、のちにノイ・ベギネンと呼ばれることになる組織は、一九二九年、ヴァルターとエルンストのレーヴェンハイム兄弟によって創設された。ベルリンの自営販売業者の家にそれぞれ一八九六年、一八九八年に生まれた二人は、自営販売業者としての教育を受けたあと、第一次世界大戦に従軍。ユダヤ青年同盟や、ワンダーフォーゲル関係の団体に所属するなど青年運動に関わった後、社会主義者となる。兄ヴァルターは一九二〇年代初頭、「共産主義青年」の上部組織である「共産主義青年インターナショナル」の幹部会のメンバーに選出されるなど、社会主義の理論家・活動家として、当時から頭角を現していた(46)。

彼らの存在を広く知らしめたのが、上述の小冊子である。『ノイ・ベギネン！（新規蒔き直し！）』というタイトルが示すように、それは、ヴァイマル期の社会主義・労働運動を総括し、同運動の新たなスタートを求めるものであった。その「序」で「ミレス」ことヴァルターは、一九三三年一月のナチ政権成立後、「一八週間も経たないうちに社会の政治構造、国家のあり方そのものが徹底的に変化してしまった」とした上で、「なぜ大衆が、社会主義者でなく、ブルジョワ的な指導者に追従したのか」という疑問を呈する。[47] 同冊子内ではこの疑問に対して、歴史的、社会的、理論的な視点から回答が試みられたのち、社会主義者の取るべき方策が提示される。そこで注目に値するのが、SPD、KPDの受動性を批判するとともに史的唯物論をドグマとして否定していた点である。

同冊子ではまず、ナチの勢力伸長に際してSPDとKPDが「真剣に抵抗を試みようとしなかったばかりか、その考えすらないままに、〔ナチという：筆者補足〕ファシズムの攻勢の犠牲となった」とした上で、その受動的な態度の背景に、プロレタリア革命が自然発生的に起こるはずだという楽観的な期待があったとし、それを誤謬と批判する。特に厳しい批判を加えられたのがKPDである。同党が発展法則としてのプロレタリア革命という「ドグマ」を「宗教的な熱心さ」でもって信じる一方で、プロレタリア革命が生じない理由をSPD他左派政党による妨害に帰すだけで、根本的な理由を直視してこなかったと指弾する。これは、史的唯物論と一九二八年のコミンテルン第六回大会において公定化された社会ファシズム論を厳しく批判するものであった。[48] ナチ政権成立とその後の一連の弾圧の結果、社会主義勢力が壊滅的な打撃を受けたことに対する両政党の責任を問いつつ、「KPDの不吉かつ全くナンセンスな策略がなければ、ファシズムの勝利はあり得なかったであろう[49]」とまで踏み込み非難を加えた。

この二大政党、特にKPDの方針に対する批判的態度は、ナチ政権成立後に突如として生じたものではなくそれ以前からみられたものであった。一九三一年にヴァルターが「メンツ」という偽名で著した『プロレタリア革命』と題する小冊子内で彼は、前年のヴァイマル共和国議会選挙におけるナチ党の躍進に触れ、その理由として、既存の社会主義政党がそれまで十分に労働者階級の意見を代弁しておらず、むしろ党内政治に躍起となり周囲の変化を受け身的に受け容れてきたことを挙げた。[50] 彼曰く、「ヴァイマル連合」を結成し革命の弾圧側にまわったSPDは、資本主義体制を擁護することしかできなくなった。対してKPDは、コミンテルンに支配され歴史的発展法則としての革命というドグマに手足を縛られた結果、自ら革命の主体たることを放棄してしまった、というのである。ヴァルターに言わせると、これは両党が「ブルジョワ・イデオロギー」に侵されたことの帰結に過ぎなかった。すなわち資本主義体制を追認するSPDはもとより、KPDも「ブルジョワ民主主義的な党派競争」的な発想のもと、SPDの支持者や労働組合や諸団体の切りくずしと取り込みを試み、その結果として労働者の分裂を招いたというのである。その結果予想されたのが、社会主義政党からの労働者の離反と、ファシズム勢力への流入であり、ナチ党が政権を取った場合、その長期化であった。(51)

このような現状認識のもとヴァルターが目指したのが、レーニン流の職業革命家による幹部政党の構築であった。この組織は、「壊滅的な打撃を受けバラバラとなった」多数の社会主義者たちを「マルクス主義のアクティブな革命家として強化し」「結集させる」上で、中心となるものであった。(52)匿名的であろうとした同組織は、結成当初から名前をもたず、ただ、組織（Organisation）の略称である「O.」や「Ｏｒｇ」、あるいは「レーニン主義者組織（Leninistische Organisation）」の略称である「ＬＯ」とのみ呼ばれた。組織は厳密な階層構造をとっており、構成員間での上下の関係性、連絡系統が厳密に定められた。上下のつながりを外れた、構成員間の横のつながりも隠された結果、構成員であっても組織全体を把握することは難しいように設計されていた。構成員が互いの本名については知ることなく、偽名でやり取りを行った。同組織内では「Ｆコース」と呼ばれる講習が定期的に行われており、先述の一九三一年に発行された小冊子もその教材の一つであった。(53)

既存政党を厳しく批判し社会主義諸組織の再編を求め、自らがその中心にならんとする幹部政党「O.」は、その秘密結社的な特徴もあって、とりわけ青年層を魅了していった。ハンブルクやフランクフルト、ハイデルベルク、ケルンの各大学の学生を取り込むとともに、ベルリンのＳＡＪ（社会主義労働者青年）指導部に足がかりを作る。ここで生じたＳＡＪ指導部との関係を介して、第二インター並びに、ゾパーデと関係をもつことになった。結成当初、四〇名ほどだった構成員数は、一九三三年には一〇〇名まで増え、協力者の数も二〇〇名ほどとなる。なお、その多くは、ＳＰＤの「左派」反対派あるいはＫＰＤの「右派」反対派に属するものたちであった。(54)

このような、幹部政党を志向し、匿名性とともに構成員間の強いつながりを備えたノイ・ベギネンの特徴は、ナチ政権成立後、国内での非合法抵抗活動を行うに際して、有利に働いたとされている。ヴァルターを含む幹部二〇名がベルリンの国内拠点に残るとともに、ヒトラー政権成立を機にSPDからノイ・ベギネンに移っていたカール・フランクらは、プラハに国外拠点を設けた。ベルリンを中心に国内主要都市間、そして国外拠点との間で情報ネットワークが設けられ、国内の情報が国外へと送られるとともに国外からも非合法出版物が国内に届けられた。一九三四年の秋まで、国内の抵抗組織は拡大し、一時一五〇名の構成員を誇るとともに協力者を含めると五〇〇名規模の組織となった。[55]

組織が拡大するなかで、レーヴェンハイム兄弟ら国内に残った幹部たちと、フランクら国外組との間で対立が生じた。前者がゾパーデとの共存路線を堅持することを求めたのに対して、後者は、組織を開放し、一九三四年に人民戦線方針を打ち出したコミンテルンとの協働を求めたのである。国際的な社会主義運動がコミンテルンを中心に左傾化することで、イタリア、ドイツ以外でもファシスト勢力が伸張することを懸念するヴァルターにとって、この要請は受け入れられないものであった。[56]また、匿名的かつ小規模組織であろうとするヴァルターらに対して、フランクらは、組織をより一層拡大することを求めた。この対立の結果は、一九三五年のフランク並びにヴェルナー・ポイケ、リヒャルト・レーヴェンタールらによるノイ・ベギネンの指導権奪取であった。その後ノイ・ベギネンは新体制のもと、他の亡命社会主義諸組織との同盟、連合の議論に積極的に関わるようになる。ここに小規模幹部政党を中心に社会主義勢力を再編、再結集するというレーヴェンハイムの構想は潰えた。

おわりに代えて――二つの「ラディカリズム」から見えてくるものとは?

本章では、一九二〇年代から三〇年代前半にかけてISKとノイ・ベギネンという二つの小規模社会主義組織が備えたラディカリズムについて整理、検討してきた。最後に本節では、両者の事例から同時期のドイツの社会主義・労働運動におけるラディカリズムという観点から何がいえるのか、共通点と相違点を手がかりに検討していきたい。

まず両者の理論面での共通点として指摘すべきが、ともにレーニン流の革命的な幹部政党、小規模組織を志向したという点である。そこでは、同じくレーニンにならい教育によって社会主義の闘士を育成する必要が説かれた。また、両者がともに史的唯物論をドグマとして退ける立場をとったことも注目に値する。この立場は、ＳＰＤ、ＫＰＤに対する態度を決定することになった。

ただし、そのような結論に至る理由は異なっていた。ＩＳＫの場合、新カント主義の系譜につながる哲学者ネルゾンの思索の結果であった。まず、革命的な幹部政党としてのあり方は、ネルゾンの思想すなわち、外的要因に左右されずに理性を発露できる指導者を求め、それを教育を通じて育てようとする主張が、レーニンの主張と重なることで生じた結果であった。また史的唯物論に対する立場は、人間理性の至上性を唱えるネルゾンにとって、人間の外部に存在する歴史的な発展法則という決定論が到底受け入れられなかったためであった。

対して、ノイ・ベギネンの場合は、プロレタリア革命の主体であるはずの労働者階級がブルジョワ的なメンタリティを身につけてしまっている以上、マルクス・エンゲルスがいうようなプロレタリア革命は生じないという、レーヴェンハイムの歴史的、社会的な現状認識に由来していた。そうしたとき、史的唯物論は否定され、新たな革命の理論と主体を作る必要が生じる。その受け皿となるべきがレーニン流の幹部政党であった。

実践面での共通点として挙げるべきは、一九三三年以降、ヒトラー政権の迫害によってＳＰＤ、ＫＰＤという大規模社会主義政党が壊滅的な打撃を受けるなかで、両者が国内組織を維持しつつ抵抗運動を継続できたという点である。これは、一九三〇年代初頭の段階ですでにナチ党の政権獲得の可能性を認め、政権成立時にはそれが長期化するであろうという予測のもと、地下抵抗運動の準備を進めていたことによるものであった。そして統一戦線構築の議論に関わりつつ、一九四一年、ロンドンで結成された「同盟」に共同代表として参加する。

このように、片や教養市民層を中心とする哲学・教育集団から出発した組織であり、片や自営販売業者である兄弟が興した秘密結社のような組織という、出自の異なる組織でありながら、一九二〇年代から三〇年代に時期をほぼ同じくして存在したこの二つの小規模組織が、極めて似通ったラディカリズムを掲げ、一九三三年、一九四一年というドイツの社会主義・労働運動にとっての、二つの節目の年を同じように迎えることになったこと、このことをどう理解するべきであろうか。三点指摘したい。

まず、ヴァイマル共和国憲法において二〇歳以上の成人男女に対して普通選挙権が認められることで生じた社会主義諸政党の「大衆化」とは逆行する動きが、かつての青年運動の流れを受けた人々を中心に生じていたことである。ISKはもとより、ノイ・ベギネンのレーヴェンハイム兄弟も青年運動に関わっていた。大衆から離れ社会主義理論の再構築を求める、このような動きは、SPDとKPDという大政党が片や政権与党として企業家や官僚、軍部といった守旧派と妥協し、片やコミンテルンの一員として独自性を失うとともに社会ファシズム・テーゼに束縛されるなかで機能不全をおこしてゆく過程にあって、拍車がかけられたといえよう。この大衆組織としてではなく、小規模組織として理論を再構築するという動きは、本書の第二章でクナウト氏が指摘する、同時期の日本の社会主義者たちが「大衆の中へ」を合言葉にラディカルな活動を行ったこととは逆のベクトルであり、極めて興味深い現象といえよう。

次に、史的唯物論を否定する立場についてである。ヴァイマル共和国期、青年社会主義者を中心に同論に懐疑的な立場が広がっていたことは、本章第一節で指摘した通りである。しかし、そのような立場が主流となることはなかった。革命路線を堅持するKPDはもとより、一九世紀後半にベルンシュタインらを中心とした修正主義論争を経験したSPDにおいてもそうであった。一九二一年制定のゲルリッツ綱領において一時、エアフルト綱領以来の史的唯物論に即した歴史・状況規定的立場からの転換が試みられるも、一九二五年に新たに制定されたハイデルベルク綱領において、再度状況規定的な立場が再確認されたのである。(57)

このような中で、史的唯物論を否定する立場がISKとノイ・ベギネンといった小規模社会主義組織によって提示されたことは示唆的であった。ＳＰＤが公的に史的唯物論から離れたのは、第二次世界大戦後、一九五九年制定のゴーデスベルク綱領においてである。(58) そうしたとき両者の事例は、ヴァイマル共和国期において、小規模組織を中心に、史的唯物論に依らない社会主義のあり方が模索されるとともに、現実の社会経済状況、歴史的発展に即した形で社会主義の理論を再構築しようとする議論が進んでいたことを示すものといえよう。

最後に、このようにヴァイマル共和国期、ラディカルな主張を掲げ社会主義の理論的刷新を訴えつつ、あくまで小規模組織に過ぎなかったＩＳＫとノイ・ベギネンが、一九四一年結成の在英ドイツ亡命社会主義者諸組織同盟において、代表組織の一つとなったことの意味についてである。仮に両者の主張が一部時代を先取りするものであったとしても、一九三三年以降のドイツ国内外での迫害を耐え、長く厳しい亡命生活を生き残らなければ、亡命社会主義者の代表と目されることはなかったであろう。これは両者の組織としての結束力の強さ、そして早期の抵抗運動への備えが大きく影響していたと思われる。一九三三年から一九四一年の間に生じたのは、ドイツの社会主義勢力の、大幅な配置転換だったといえるのかもしれない。この点に関する検討は別稿に譲りたい。

＊本編は、ＪＳＰＳ科研費 JP19K13317 の助成を受けたものです。

第七章　「戦後派文学」にとっての「戦後」理念

――佐々木基一と六〇年安保闘争

坂　堅太

はじめに

アジア・太平洋戦争の敗戦から十七年が経過した一九六二年、文芸批評家の佐々木基一は「『戦後文学』は幻影だった」（『群像』一九六二・八、以後「戦後文学幻影説」と表記）を発表している。佐々木は執筆の動機について、「わたし自身もこれに参加した戦後文学の運動とその理念とを再検討する必要」を感じたと書いているが、「戦後文学―それもまた《革命なき革命》ではなかつたか[1]」と、戦後文学、あるいはその担い手たちについての批判的総括を行なったこの評論は、当時の文壇関係者に大きな衝撃を与えた。

戦後文学への批判それ自体が珍しかったわけではない。すでにサンフランシスコ講和条約発効直後には「僕等の精神が敗戦によって蒙ったもっとも深い手傷、あるいはそこから得た何か新しいものが、これまでの『戦後文学』にはほとんど現われていない[2]」とした中村光夫「占領下の文学」（『文学』一九五二・六）が発表されており、また一九五〇年代後半以降では吉本隆明や佐伯彰一など、戦中派世代の批評家たちによる活発な戦後文学批判がなされていた。しかし、戦後派文学の拠点である雑誌『近代文学』の初期同人であった佐々木による批判は、「『戦後文学』運動の当事者による内部批判[3]」として特別な意味を持っていたのである。

佐々木と同じく『近代文学』の中心人物であった本多秋五はいち早く反応を示し、「戦後文学は幻影か」（『群像』一九六二・九）を発表している。そこで本多は戦後文学の理想が「今日では有効性を失つて空転するより外ない状態にあること」を認めつつも、「ただ一つ遺憾なことは、彼が戦後派のなかの『新しい情況に順応して俗化』した部分のみを挙げて戦後派の全体を下し、戦後文学の理想をいまなお見失わぬ部分を黙殺したことである。そこからまた戦後文学の理想の継承者をまつたく視野の外においたことである[4]」とし、未だ戦後文学が一定の批評性を有していると反論した。さらに、野間宏や島尾敏雄ら戦後派文学者の近作を評価し、「戦後文学の終焉ではなく、成熟或いは若返り[5]」

を見ようとした大岡昇平「戦後文学は復活した」（『群像』一九六三・一）や、「戦後文学はおおむね明快な声で歌われる健康な歌だつた。いま一九四六年から一九五二年にいたるあいだの戦後文学を読みかえすものの耳には、戦後文学は幻影だつたというような歌はきこえてこないはずである」(6)と、戦後文学への敬意と共感を語った大江健三郎「戦後文学をどう受けとめたか」（『群像』一九六三・二）など、佐々木の提言に関しては相次いで反論が寄せられた。

その後、磯田光一「戦後文学の精神像――リアリズム的思惟の問題」（『文藝』一九六三・三）や奥野健男「『政治と文学』理論の破産」（『文藝』一九六三・六）など、戦中派世代の批評家たちによる戦後文学批判が提出されることで議論は更に過熱し、戦後文学の評価をめぐる論争へと発展することになる。

「戦後文学とは何だったのか」という問題それ自体が興味深いものであることはもちろんだが、本稿ではそうした大きな問いの枠組みは採用しない。あくまで一九六〇年代初頭という、特定の時代状況のなかで佐々木の戦後文学批判を考えてみたいと思う。同時代言説のなかに佐々木の議論を布置したさい、どのような図が見えてくるのか。敗戦後十七年、つまり「戦後」が十七年を経過した時点で「戦後」文学の批判を試みた佐々木の戦略はどのようなものであったのか。特に重視したいのが、六〇年安保闘争との関係である。「戦後文学幻影説」で、佐々木は次のように書いている。

ところで、わたしもまた、ここでちよつと、一九六〇年のあれらの事件からうけた大きな衝撃から、書きはじめたく思う。安保闘争というような政治的、社会的事件と、文学上の問題とを何らの媒介なく直接結びつけるのは、それこそ非文学的な不毛な論だという非難の起ることは覚悟の上で、わたしはやはりあの事件について書いておきたい。何故なら、それを語ることなしには、わたしは、わたしも一批評家としてそれに参加した戦後派文学に関する、現在のわたしの判断を導き出すことができないのである。それほど、あの衝撃の力は大きかつたし、衝撃の内容も複雑だつた。(7)

「一九六〇年のあれらの事件からうけた大きな衝撃から、書きはじめたく思う」、「それを語ることなしには、わたしは、わたしも一批評家としてそれに参加した戦後派文学に関する、現在のわたしの判断を導き出すことができない」とあるように、佐々木は自らも参加した戦後文学に対する痛切な批判を書くにあたり、六〇年安保闘争の経験、その総括を語ることから始めようとしている。安保闘争という政治的事件を直接に文学の問題と結びつけることは「非文学的な不毛な論」であるかもしれないと断りつつ、「それを語ることなしには」「戦後派文学に関する、現在のわたしの判断を導き出すことができない」と語るほどに、戦後文学批判と六〇年安保闘争は密接な関係を持つものとして提起されている。

だがその挑発的なタイトルのせいもあってか、多様な論者を呼び込んだ論争の発端となったにもかかわらず、佐々木の論旨が十分に検討されてきたとは言い難い。特にこの六〇年安保闘争との関係については、「とうの昔に成立して、ただ自然発効の時を待つていただけの条約を、いよいよ発効の日を前にして阻止しようとしたあの運動に、それだけの夢がかけられ、またそれの阻止が失敗したからとてそれほどの幻滅を味うということが、そもそも私にはわからない」[8]とした山室静のように、これまで殆ど顧みられることがなかった。近年では宮内豊が佐々木の議論の再評価を行っているが、そこでも「この覚醒が六〇年安保の敗北のみから生じたと受け取ると、納得しにくいものが残る」[9]とされており、安保闘争との関連について十分に踏みこんだ評価はなされていない。

しかし、「戦後文学幻影説」はその前半三分の一程度の分量が六〇年安保闘争について書かれており、佐々木の論旨を正確に読みとる上でこの問題は簡単に切り捨ててよいものではないはずである。戦後文学批判と六〇年安保闘争との関係を佐々木はどのように見ていたのか、何故両者が結び付けられなければならなかったのかについては、議論の余地が残っている。

こうした問題関心のもと、本稿ではまず、佐々木の「戦後文学幻影説」を精読し、その戦後文学批判の内実を確認する。そこで明らかになるのは、提示された論点が、実は一九五〇年代後半から繰りかえし佐々木が論じていたものとほぼ同一だった、ということである。そのことを確認した上で、何故それらの論点が、改めて戦後文学批判という枠組みで再提出されたかについて、六〇年安保闘争と「戦後」理念との関係から考えたい。

1　平野謙の「変質」

この節では佐々木の戦後文学批判の論理を確認していくが、既に見たように、このテーマ自体は決して目新しいものではなかった。特に一九六〇年前後には吉本隆明や佐伯彰一、江藤淳ら後続世代の批評家たちによる批判が提出されており、佐々木の議論も、そうした「戦後文学の破産を宣告する論者」の存在を踏まえた上でなされている。では、佐々木の戦後文学批判とそれらの先行論との間にはどのような共通点があり、どのような差異があったのか。

佐々木の戦後文学批判は、大きく二つの論点により構成されている。まず一つが、戦後文学が陥った「俗化」という現象についてであり、現状認識に関するものである。そしてもう一つが、なぜ戦後文学は「俗化」したのか、そのような「俗化」を招いたものは何か、という原因追求に関するものだ。

戦後文学の「俗化」という問題で中心的に論じられているのは、佐々木と同じく『近代文学』同人であった文芸批評家・平野謙の「変質」である。「戦後文学そのものの推移と現在の到達点とが、ほとんど象徴的にうつし出されている」という平野の「変質」とはいかなるものだったのか。

問題は、敗戦後いち早く、マルクス主義文学にたいする「ひとつの反措定」として提起した「政治と文学」論から、「組織と人間」論をへて、現在の「小説アクチュアリティ」説にまでいたる、平野謙の推移にある。敗戦直後、コミュニズムとその文学運動が多数のインテリゲンチャの革命への希望をになつて登場したとき、平野謙の「反措定」には（中略）たしかに、文字通りアクチュアルな意味があり、力があつた。文学の側からする「反措定」は、政治とダイナミックに噛み合うことで、革命の課題を自己のうちに包みこむことさえできるのであり、それだからこそ（中略）たんに文学という限定された領域をこえて、政治運動や労働運動のなかにまで大きな反響をまきおこしたのである。[10]

敗戦直後の平野は戦後の出発にあたり、社会性を喪失した私小説的伝統と、政治の優位性に固執したマルクス主義文学運動の両方を批判する必要を主張し、「自然主義文学の徹底的な克服とマルクス主義文学の大胆な自己批判[11]」こそが戦後派文学の課題である、と主張していた。佐々木はこうした戦後初期の平野の議論については高い評価を与えており、そこには「政治とダイナミックに噛み合うことで、革命の課題を自己のうちに包みこむことさえできる」可能性があったとしている。佐々木が問題視するのは、戦後初期に存在していたはずのこうした可能性が、戦後復興のなかで失われてしまったことだ。それを象徴するものとして挙げられているのが、「組織と人間」論への評価である。

これはもともと、伊藤整の問題提起により登場したものだった。朝鮮戦争の特需により急速に経済復興が進んでいた一九五三年、伊藤は「組織と人間　人間の自由について」（『改造』一九五三・一二）を発表している。出版ジャーナリズムが急激な拡大を見せる現在にあって、「自由主義の文士もコンミュニズム系の文士も、ジャーナリズムの組織の中に歯車の一つとして、はめ込まれている」のであって、「我々文士は、それから、どうにか多少は身をかわすことが出来るけれども、それにしてもその限度は狭いものであつて、そこから離れては生活することができない[12]」。もはや組織から自由な個人などはありえず、「真に生命を保つているのは、人間ではなく組織であり、我々はその奴隷ではないかという怖れを意識することから自由そのものを考える[13]」べきではないか。伊藤はこのように主張した。

そしてこうした伊藤の議論を、「戦後十年間の文芸思潮の一結語としてたいへん重要なもの」、「戦後文芸思潮全体のひとつの到達点[14]」として高く評価したのが、平野だった。

文壇とかジャーナリズムというルーズな組織体が、もはや逃亡奴隷のささやかな自由さえも許容せずに、巨大な力をもって個人の上にのしかかってきたのは、戦中から戦後へかけての新しい現象だと思う。浜田新一にどんなに喘れようと、そのような新事態にいかに対処するかが、戦後十年間の文学のさまざまなエコールやグループを派生させた内密のモティーフだったといっていい。[15]

「政治と文学」論から「組織と人間」論へ、という平野の転回は、佐々木にとって致命的な意味をもっていた。それは「たんに表現が別様に書きかえられただけ」では済まない、「まさに『変質』と呼ぶにふさわしい重大な変化」であったとする佐々木は、次のように指摘している。

「政治と文学」論の場合には、さきにも述べたように、まだ、政治と文学との有機的な相互関係が保たれていた。対立しながらも、相互に滲透し、相互に規定し会う関係が、あつた。しかし、「組織と人間」になると、それはもはやひとつの固定した図式でしかない。個人の力をもつてしてはいかんともなしがたい非情なメカニズムと、それにとらえられた無力な人間という、スタティックな対立の図式によつて、現実が解釈されるだけであつて、それは人間をとらえるメカニズムを永遠に固定化し、人間を無力な存在として永遠に固定化する一種の宿命論だつた。（中略）「組織と人間」論は現実の図式的固定という点において、かつての「政治と文学」論からの一歩後退であり、本質的には情況への順応にほかならなかつた。[16]

戦後初期の「政治と文学」論では、「政治と文学との有機的な相互関係」が保たれており、両者の対立は決して固定的なものではなく、その緊張関係からは新たな文学が生まれる可能性が存在していた。しかし組織と人間との関係を「ひとつの固定した図式」に押しこめてしまう「組織と人間」論は、「人間をとらえるメカニズムを永遠に固定化し、人間を無力な存在として永遠に固定化する一種の宿命論」でしかない。佐々木にとって「組織と人間」論はあまりにスタティックな図式であり、それは現状を不動の前提として受けいれてしまうという点で、「本質的には情況への順応にほかならなかつた」のである。

ではなぜ、このような「変質」が生じてしまったのか。まず佐々木は二つの外的要因について説明している。一つは、「朝鮮戦争を契機とする日本経済の急速な復興と、それにともなうマス・コミの異常な発達[17]」である。資本主義の高度化によるマスコミの発達と大衆社会化の進行により、文学者はジャーナリズムの歯車として自由を失い、創作はもはや純然な自己表現ではありえなくなった。もう一つの要因は、一九五〇年に起きたコミンフォルム批判以後の日本共産党の混乱とそれによる権威の低下だった。このことは「コミュニズムとの対決」という、「政治と文学」の基盤となっていた緊張関係を弛緩させてしまう事態をもたらした。こうして「政治」と「文学」の両方が変容した結果、敗戦直後の「政治と文学」論を支えていた前提が崩壊し、「組織と人間」論への横滑りが生じてしまったのである。

しかし、佐々木の考える戦後文学の「俗化」は、単にこうした外的要因だけによるものではなかった。佐々木によれば、そもそも戦後文学の内部に「俗化」を不可避とする問題が胚胎していたという。次節ではこの問題について確認していきたい。

2　「近代」批判の反復とその意味

先に述べたように、一九五〇年代後半以降、戦中派世代の批評家たちによる戦後文学の空転に対する批判が提出されていた。「戦後文学は、わたし流のことば遣いで、ひとくちに云つてしまえば、転向者または戦争傍観者の文学である」[18]として戦後派作家たちの「戦後責任」を批判した吉本隆明や、「彼らの制作の真のバネとなっていたのは、敗戦後の現実というより、昭和十年代の青春における、にがい被圧迫感の思い出」[19]に過ぎなかったと指摘した佐伯彰一、また「多くの戦後文学者たちは、戦後という時代を生きようとはせずに、戦後という時代を背景にして昭和十年代の追憶を生きようとした」[20]と、戦後派作家の〈非戦後〉的側面を批判した江藤淳などが主な例として挙げられる。これらに共通しているのは、戦争体験の質的差異を強調する世代論的な枠組みであり、〈戦時期を本当の意味で生きなかった戦後派文学者たちは、戦後の現実を正しく把握できていない〉という認識が前提とされている。

しかし、佐々木はこうした戦中派世代からの批判に対しては一定の距離をとっており、「彼らがもつぱら戦前の追憶に生きて、戦後という時代を生きようとしなかつたためだとは思わない」[21]と、戦後文学の俗化の要因を戦争体験の問題に求めようとはしない。それでは、戦後文学の空転の要因として佐々木が考えたものとは、何であったのか。「戦後文学幻影説」の末尾近くには、こう書かれている。

戦後文学全体を、出発当初におかしていた魔は、おそらく彼らの胸底にみはてぬ夢としてこびりついた「近代」の概念にある。「政治と文学」論が「組織と人間」論へと図式化し、俗化して行つたのもそのためである。[22]

戦後派文学の拠点となった雑誌のタイトルが『近代文学』であったように、「近代」という概念は戦後文学にとっては疑うべくもない理念として存在していた。戦後文学運動とは、「『私』を守り、自我を生かさねばならぬ」こと[23]、つまり、芸術表現の主体としての近代的自我の絶対性を確保することから出発したはずであった。それを「出発当初におかしていた魔」として切り捨てようとする佐々木の議論は、まさに戦後文学そのものへの根本的な批判となっている。

「私」という近代的自我を絶対的なものとして措定した場合、あらゆる集団や組織は、すべてその自由を阻害するものとしてしか現れえなくなる。そこでは個人と組織とは宿命的的な対立関係として固定化されてしまい、「政治と文学」論が持っていた両者の相互浸透性が構築されることはなくなる。だからこそ、佐々木は「近代」概念そのものを批判の対象とせざるを得なかった。戦後文学が「俗化」し、「組織と人間」論へと後退してしまったのは、まさにそれが「近代文学」を標榜してしまったから、という皮肉がここにはある。

ただ興味深いのは、「近代」概念に対する批判は、これ以前より佐々木が主張していたものであり、「戦後文学幻影説」はいわばその〈反復〉であった、ということである。例えば一九五八年に発表されている連載評論「現代芸術はどうなるか」では、次のような議論が展開されている。

政治と文学、政治と人間の関係を両者の統一に重点をおいて考えるにせよ、両者を二律背反的矛盾としてとらえるにせよ、従来のやり方は、すべて人間、もつと正確には個人としての、個性的自我としての人間を座標軸としてとらえていたように思われるが、そうした観点からする両者の関係の把握は、現代の現実と人間のあり方に、はたしてよく適合しうるかどうか。新しい把握の方法が必要なのではないか。（中略）人間を「過程」としてとらえることが、それほど非人間的なことだとは考えられない。政治と文学に関する論議も、人間を過程としてとらえることによつて、従来の堂々めぐりから、新しい次元に脱却できるのではないか、というのが大体のわたしの予想である。(24)

ここで佐々木は「個性的自我としての人間を座標軸」とすることをやめ、「人間を過程としてとらえる」という新たな認識の必要性を提起している。それはつまり、近代的自我を絶対不動の前提と見なさない、ということである。個人と組織とを二律背反的に捉える「組織と人間」論は「文学者の政治への参加を拒否する口実として用いられるおそれ」があり、「このテーゼを有効に再組織する必要がある」(25)とする佐々木の議論は、「戦後文学幻影説」と同型であるといってよい。恐らくこうした議論の背景には盟友として活動した花田清輝の影響があったと思われるが、少なくとも、「組織と人間」論の限界や近代的自我の絶対化に対する批判などは、一九五〇年代後半にすでに発見されていたものであったことは間違いない。

だがここで重要なのは、単に同じ議論が反復された、ということではない。同じものが「戦後文学批判」という枠組みで捉えなおされ、一九六二年というタイミングで発表された、ということにこそ意味がある。つまり佐々木は、一九五〇年代後半に指摘してきた問題が、単に同時代の文学状況が抱える欠陥という表層的な次元にとどまらない、戦後文学全体の根本的な病根であると思いいたったのである。

では、こうした認識枠組みの転換をもたらしたものは何であったのか。それはやはり「一九六〇年のあれらの事件」、つまり六〇年安保闘争以外には考えられない。そうであるなら、六〇年安保闘争と戦後文学批判との関係を正確に捉えなければ、佐々木の論旨を正確に理解することはできないはずだ。安保闘争との関係を切りすててきた同時代の論者たちは、このことを決定的に取りのがしてしまっている。それでは、佐々木は安保闘争をどのように受け止めたのか。次節では佐々木と六〇年安保闘争との関係について確認していくが、佐々木が安保闘争に見出したもの、それは「戦後の民主主義的運動と「戦後」という理念のもつ限界」だった。

3　六〇年安保闘争に見出されたもの

まず、安保条約改定の経緯を確認する。一九五七年二月、石橋湛山政権の後をうけた岸信介政権はすぐさま安保条約改定の予備交渉に着手し、翌五八年九月には藤山外相とダレス長官との会談が行われ、条約交渉の開始が決定する。

こうした動きに対し、条約の改定は日本の軍事化を進めるものだとして総評・社会党は反対の姿勢を打ち出した。そして一九五九年三月には総評・社会党・原水禁などが幹事団体を務める形で「安保条約改定阻止国民会議」が発足し、反対運動が組織されていった。

ただし、こうした運動は当初それほど大きな盛りあがりを見せることはなかった。というのも、高度経済成長が続いていた当時、大多数の国民は安保体制の離脱により日米関係に生じる変化、特にそれが経済に与える影響について不安を抱えていたためである。既成政党にはこの不安に答えるような明確な案は存在しなかったため、戦略的には行きづまりを迎えざるを得なかったのが実態だった。[(26)] そしてこうした事実は、安保条約下での軽武装による経済成長、という独立後の基本路線を国民の大半が支持していたことを意味しており、有効な打開策を見出せぬまま、一九六〇年一月、訪米した岸首相により新条約の調印がなされた。

だがその後、条約の批准をめぐり国会での審議が始まると、野党からの追及に対する政府の不誠実な答弁に国民的不信が高まっていく。そしてアイゼンハウアー大統領の訪日を前に条約の改定を急いだ岸政権により、五月一九日に安保特別委員会、衆議院本会議にて新安保条約承認が強行採決されると、国会軽視の政治手法に対する世論の反発は急速に強まり、反対運動は加速度的に高揚していった。つまり運動の高揚をもたらしたのは、安保条約の是非ではなく、元内務官僚でA級戦犯だった岸首相の政治手法への不満だったのである。この点に関し小熊英二は、「五月十九日の強行採決を境に、問題は安保への賛否から、『戦前日本』と『戦後日本』という『二つの国家のたたかい』に転換しつつあった」とまとめている。[(27)] こうした転換の結果、安保闘争は戦後史上最大規模の運動へと発展していく。国会前には毎日十万人規模の群衆が集結して岸内閣の退陣を求める声をあげ、また、全国各地でストライキが起こるなど、「戦後一五年にして、日本に議会制民主主義が定着し始めた」ことを示す「民主・護憲の運動」として記憶されるものとなった。[(28)] だが事態打開の決定打を持たぬまま、六月一九日、条約は自然承認され、岸政権は混乱の責任をとって総辞職するという結末を迎えた。

佐々木は丸山真男らと共に「未来の会」の一員として「日米安全保障条約改定問題に関する声明」(『世界』一九五九・一二)を発表し、また国会前のデモにも参加するなど、六〇年安保闘争に対し積極的な関与を見せていた。では、闘争の渦中で佐々木が見たものとは何だったのか。「未だ完全には実現されない理想の幻影として心に保たれていた戦後のイメージが、この衝撃によつて、わたしのうちからずり落ちて行くのをわたしは感じた[29]」とあるように、それは「戦後のイメージ」の崩壊であったという。「戦後文学幻影説」では、新安保が自然承認された一九六〇年六月十九日未明の情景が次のように記されている。

整然と広い道路に坐りこんで、悲痛な沈黙のうちに、ただ、安保条約自然成立の時が刻々と迫りくるのを待つ以外に為すことのなかつたあの闘争のあまりにも重苦しいあまりに静かな幕切れが、あの闘争の帰結にほかならなかつたとすれば、そのとき確実に戦後の歴史にひとつのピリオドがうたれた筈である。ここに歴史という言葉を用いることが必ずしも適切でないとすれば、少くとも、そのとき、戦後のインテリゲンチャの胸に陰に陽に宿つていた戦後なるもののイメージ、その願望と夢、いわば民主主義革命をへて成就される戦後社会のイメージは、それが実現された現実の結果によつて、完全に破れ去つたとは云えるであろう[30]。

敗戦から十五年間、佐々木のなかには「民主主義革命をへて成就される」ものとして思い描かれてきた「戦後なるもののイメージ」が、「未だ完全には実現されない理想の幻影[31]」として保たれ続けてきた。しかし安保闘争の「あまりに静かな幕切れ」が明らかにしたのは、そうした民主主義革命への期待がまさに「幻影」でしかなかった、という事実だった。ここで注意したいのは、引用部の末尾にある「それが実現された現実の結果によつて、完全に破れ去つた」という表現である。「戦後」理念は単に「破れ去つた」のではない。「戦後社会のイメージ」の「実現された現実の結果」こそが、それが「幻影」でしかなかったことを露呈させたのである。この微妙な表現が意味しているものは何なのか。安保闘争では何が「実現」され、何が「破れ去つた」のか。これらについて考えるために、まず佐々木のいう「民主主義革命」への期待について確認しなければならない。「戦後文学幻影説」とほぼ同時期に発表された花田清輝との対談で、佐々木は次のように語っている。

ぼくの考えからすれば、あれで敗戦のときに多くの人びとが近代の確立とか、民主主義革命というイメージをそれぞれ心に思い描き、その到来を待ち望んだと思いますけれど、それがいわば、なし崩しにおこなわれてきて、ほんとうの意味における民主主義革命はついにおこなわれなかった。したがっていつもこう、実現が先へ先へとのばされておあずけを喰っているような感じがしていたわけですよ。そして、もう一度、ほんとうの意味での民主主義革命というものが起こって、そこではじめて日本の近代化が成就されるというふうな幻想をいだいていた人が多いと思うわけです。戦後ずっとね。しかし安保を境として、ぼく個人としてはそういう幻想がすっかり消えちゃった。[32]

ここで佐々木は敗戦直後の日本社会に生まれた民主主義革命と近代化への期待について語っているが、こうした認識は佐々木だけに限定されるものではなく、当時広く共有されていたものだった。

日本軍の無条件降伏と、戦時体制および政策のほぼ全面的な信用失墜、共産党とその歴史的分析のための新たな威信、占領軍により進められた民主化のプログラム、これらは一体となって新たな状況を生み出した。政治闘争をめぐる最前線は、民主主義対封建主義（あるいは天皇制絶対主義、天皇制など）として定義されうるものだった。戦後の知識人にひろまっていた唯物史観の分析によれば、日本はブルジョワ民主主義革命を完遂する段階にあり、それが最優先の課題とされていた。[33]

当時、左派知識人の多くは講座派史観による「二段階革命説」の立場をとっており、まずはブルジョワ民主主義革命の遂行が目指されていた。佐々木もまたそうした知識人の一人であったが、民主主義革命は「なし崩し」のまま完遂されずに終ってしまう。しかしだからこそ、「もう一度、ほんとうの意味での民主主義革命というものが起こって、そこではじめて日本の近代化が成就される」という期待が戦後十何年ものあいだ残り続けたのであるが、佐々木によれば、六〇年安保闘争はそうした「幻影」を完全に霧消させるものであったという。しかもそれは、戦後の知識人たちを掴んで離さなかった「戦後社会のイメージ」が現実の前に敗北したから、というのではない。むしろ、意図しない形で「実現」してしまっていたことが致命的であったのだ。

理念や理想というものは、それが実現されない限りにおいて、到達すべき未来像を提供し、変革の可能性を垣間見せる。しかし、もし何らかの形で実現されてしまれば、それはもはや理念としての力を失ってしまう。これを佐々木の文脈に置きかえるならば、「民主主義革命」が未だ実現されていないのであれば、それは理想としての統制力を失うことはなかったはずだ。しかし安保闘争の渦中で佐々木が目撃したものは、「未だ完全には実現されない理想」であったはずのものが、すでに「実現」されてしまっていた、という情景であった。彼が抱きつづけていた「民主主義革命をへて成就される戦後社会のイメージ」は、想像していたものとは異なる形で「現実」となっていたのではないか。そのことに気付いたゆえに、佐々木は、自らのうちにあった「戦後なるもののイメージ」がもはや「幻影」でしかなかったことを認めざるを得なかったのである。「実現された現実の結果によつて、完全に破れ去つた」とは、そうした事態を指している。

では、なぜ佐々木はこのような判断をせざるを得なかったのか。これに関しては、六〇年安保闘争をめぐる同時代言説との関係を確認しなければならない。

4　安保闘争の二重性とその問題点

当初は広がりを持たなかった安保闘争が急速に高揚を迎えたのは、一九六〇年五月一九日の強行採決以降のことだった。道場親信は「六〇年安保」の思想史的意義を検討する上で、一九五九年から六〇年にかけての約一年半にわたり展開された「長い安保闘争」と、運動への参加者が飛躍的に増加した一九六〇年五月十九日の強行採決以後の「短い安保闘争」という区分を提起している。[34]「短い安保闘争」は「長い安保闘争」における一つの決定的な高揚期ではあるが、同時に、ここから新しい短期のゲームが始まったと考えることも可能である、と道場は指摘する。というのも、強行採決以降に行動を起こした人々の多くは、「長い安保闘争」の参加者とは異なるヴィジョンを持って運動に参加していたと考えられるからだ。反対運動が急激な盛りあがりを見せた「短い安保闘争」において目標として設定されたのは、「安保改定阻止」ではなく「民主主義擁護」というものだった。

たとえば、知識人として運動の中心部で活躍し、条約に反対の意を表明するために東京都立大の職を辞すなどの行動をとった竹内好は、「民主か独裁か、これが唯一の争点であ」り、「そこに安保問題をからませてはならない。安保に賛成するものと反対するものとが論争することは無益である。論争は、独裁を倒してからやればよい。今は、独裁を倒すために全国民が力を結集すべきである」[35]として、安保問題の棚上げを主張している。こうした二重性とその影響について、道場はこうまとめている。

「長い安保闘争」の目標は、その動機については多様であれ、「安保破棄」を含む「安保改定阻止」にあった。それに対して、「短い安保闘争」においては、「民主主義擁護」が掲げられた。闘争の渦中においても、この二つの目標の優先順位を論じたり、両者を統合しようという試みは盛んに行われたが、結果的には二つの目標は併存したまま六月の高揚を迎え、「短い安保闘争」が終わると「長い安保闘争」も終焉を迎えた。（中略）参加の盛り上がりという肯定的な現象と、条約批准のプロセスに何ら決定打を与えられないという否定的な現実との間にさまざまな「総括」が生まれることになる。(36)

二つの「安保闘争」を截然と区分することは難しいが、五月十九日以降の運動の二重化とこれをめぐる混乱は、本来二重のゲームとして捉えた方が理解しやすいのではないか。そしてこの二重性が、六〇年安保闘争の意義を複雑化させることとなったのである。

当時最も深く闘争に関与した知識人の一人である清水幾太郎が「新安保阻止という目標から眼を離さない限り、私たちの敗北は疑う余地がありません。けれども、民主主義擁護という目標に眼を転ずれば、とにかく、エネルギーの空前の昂揚は疑いようのない事実なのですから、誰でも勝利と言いたくなるでしょう」と指摘したように(37)、安保闘争を巡っては様々な論者によりその評価が分かれていた。

竹内好は反対運動が既成政党の枠組みをこえ国民的な規模で組織されたことを重視し、「何よりも大事なことは、人民の抵抗の精神が植えつけられたこと、そして予想よりその幅がひろく、根が深いらしいことである。私はこの一点だけで大勝利と判定する」と語っている(38)。また丸山真男は国会前に集った民衆が見せた「秩序意識と連帯感」の意義を強調し、「そうした十数時間の圧倒的な印象の前には、「自然承認」の瞬間などは私の脳裏の中のとるに足らぬちっぽけな場所しか、占めていなかった(39)」としている。丸山は、敗戦まで国民を規定してきた「臣民」意識の解体、「臣から民への大量還流(40)」により戦後の民主主義は出発したとする。そしてその「民」は大きく二つの流れに分岐しているとし、一つは私的利害を優先する「私」化の方向であり、もう一つは革新運動の方向である。そして前者はしばしば政治的無関心へと流れ、後者の動きを制限してしまっているが、「この二つの『民』の間に、人間関係の上でも、行動様式の面でも相互交通が拡大されるとすれば、ここに戦後の歴史は一転機を画することになる」のであって、「この一カ月余りの大衆的な盛り上りの意味もそうした方向にまた一つ大きくふみ出したことにある」[41]と、戦後民主主義の成熟を見ようとした。

このように〈戦後〉の一定の達成を見ようとする論者に対し、あくまで〈敗北〉の点から総括を行う論者も多かった。吉本隆明は安保闘争について、戦前派により指導された擬制前衛の無能さを露呈させた意味で戦後史に転機を描くものであったと位置づけ、そこに戦後民主主義の〈限界〉を指摘する。戦後知識人たちの多くは「戦後支配権力の構成的な変化にみあった人民の意識上の変化が、ブルジョア民主主義の徹底的な滲透と対応している事実に眼をおおっている」[42]と指摘し、丸山真男の議論に「進歩的啓蒙主義・擬制民主主義の典型的な思考法」を見た吉本は、次のように批判する。

戦後一五年は、たしかにブルジョア民主を大衆のなかに成熟させる過程であった。敗戦の闇市的混乱と自然権的灰墟のなかから、全体社会よりも部分社会の利害を重しとし、部分社会よりも「私」的利害の方を重しとする意識は必然的に根づいていった。ことに、戦前・戦中の思想的体験から自由であった戦後世代において、この過程は戦後資本主義の成熟と見あって肉化される基盤をもった。丸山はこの私的利害を優先する意識を、政治無関心派として否定的評価をあたえているが、じつはまったく逆であり、これが戦後「民主」（ブルジョア民主）の基底をなしているのである。この基底に良き徴候をみとめるほかに、大戦争後の日本の社会にみとめるべき進歩は存在しはしない。[43]

吉本は通常言われるような〈生活保守〉的心性を、民主主義の基底として評価する。それこそが戦後日本社会の一つの到達であるとし、「社会の利害よりも「私」的利害を優先する自立意識」の意義を強調する安保闘争における市民・庶民の行動性は、市民・民主主義思想の啓蒙主義によるものではなく、むしろ全く無縁でさえあった、と吉本は考えた。彼等が立ちあがったのは、物質的な豊かさ・安定した生活の中で進む疎外を、自らで意識することが出来たからこそだ、という。安保闘争が示したのは、〈戦後的価値観〉を体現してきた進歩的知識人たちの擬制が終焉したことであった。

また、大江健三郎や石原慎太郎らとともに「若い日本の会」を結成し安保への反対姿勢を鮮明にしていた江藤淳は戦後知識人批判を展開し、安保闘争の結果により「戦後十五年間というもの、知識人の大多数がその上にあぐらをかいて来た仮構の一切が破産した」(44)と書くに至った。江藤は安保闘争を主導した進歩派知識人による「政治の仕掛けに価値の根源、道徳の中心を見ようとする仮構」を批判し、「知識人の信奉して来た仮構ではなく、希望的観測を去ってものごとの有様を一旦眺めつくさなければ、政治的な実行についてなにもはじまるわけはない(45)」と、現実主義的な認識の重要性を主張した。

では、安保闘争の帰結に「戦後の民主主義的運動と『戦後』という理念のもつ限界」を見ようとした佐々木は、これらの多様な安保闘争観をどのように眺めていたのか。「戦後文学幻影説」のなかで佐々木は、次のように書いている。

あの闘争のもり上りのなかに、戦後における民主主義的意識の成長を高く評価するヒューマニストの言説も、自らを市民主義の枠内にとどめつつ前衛党の指導力の喪失をはげしく叱咤するリベラリストの気焔も、またやたらに挫折という言葉をふりまわす若い世代の挫折ムードへの陶酔も、わたしには、すべて白々しい「安保ボケ」の現象としか思えなかつた。(46)

このように佐々木は、安保闘争をめぐる多様な評価言説のいずれにも与することはなく、それらを総体として「白々しい『安保ボケ』の現象」であると突き放している。すでに見た清水幾太郎の指摘にあったように、戦後民主主義の勝利かあるいは敗北かという評価は闘争のどの側面を重視するかの違いに過ぎず、論理的にはどちらの見方も一定の妥当性を有している。だがむしろ、相反する評価が並立してしまうという点にこそ、根本的な問題があったのだ。

敗戦直後の日本社会に萌した民主主義革命の動きは、冷戦構造の深刻化により生じた逆コースの中で頓挫していた。そして日本は西側諸国との片面講和を選択して独立を回復し、同時に米軍の駐留を認める安保条約を締結した。つまり、独立回復後の日本社会とは基本的にはアメリカの極東戦略により敷かれたレールの上にあったのであり、いわば民主主義革命の挫折の上に成立していたといえる。逆コース以後の日本社会が経験した「戦後」は、敗戦直後に構想された初発の「戦後」からすれば、逸脱以外の何物でもない。

しかしその意味で、安保条約破棄を目指した安保闘争は、中絶した民主主義革命を完遂する端緒となりうるものであって、そこで賭けられていたものは敗戦直後の「戦後」理念であるはずだった。安保体制下に構築された〈現実の戦後〉を拒否することとは民主主義革命遂行の前提である以上、新安保条約の自然承認という結末は敗北以外の何物でもなく、その評価が二分することなどあってはならなかった。だが実際には、相反する評価が並存し、そのどちらにも一定の妥当性を認めざるをえないという事態が生じてしまっていた。佐々木にとっては、多様な評価が乱立するという現象自体が決定的な意味を持っていたのであり、その状況は「民主主義革命をへて成就される戦後社会のイメージ」が、もはや理念としての統制力を失っていたこと、何らかの形でその理念が「実現」してしまっていたことを示すものだった。こうした事態を端的に象徴していたのが、「短い安保闘争」を支えた「民主主義擁護」というスローガンであったといえる。次節ではこのスローガンに関する分析から、佐々木が見出した「戦後」理念の失効について考えたい。

5　「戦後」理念の失効

六〇年安保闘争は政党や労働組合といった既成組織に依拠した運動ではなく、自発的に立ちあがった市民により支えられていた。「安保闘争は、『市民』という言葉が、積極的な意味をもって定着した画期でもあった[47]」と小熊英二が指摘しているように、その運動形態は後のベトナム反戦運動などの「市民運動」の可能性を拓くものであったことは間違いない。しかし、安保闘争で立ちあがった「市民」たちが掲げた目標は「民主主義擁護」といういわば〈保守的〉なものであり、彼等は決して革命を志向していたわけではなかった。佐々木は安保闘争の〈限界〉について、次のように書いている。

闘争の目標が、民主主義擁護という一点にしぼられて行き、また竹内好によつて「民主か独裁か」という風に局限されて提示されたとき、たえまなくふくれ上り、一日一日とふだんに枠を乗り越えて発展して行くかにみえた巨大な運動のエネルギーは、一定の枠内におしとどめられ、自らのかかげる目標そのものによつて、かえつて自らを縛る結果になつてしまつたことが明らかになつたのである[48]。

民主主義擁護というスローガン、そして竹内好の提起した「民主か独裁か」という枠組みは、佐々木の抱いていた「戦後なるもののイメージ」にとって二重の意味で致命的であったと考えられる。まず、それらが「自らのかかげる目標そのものによつて、かえつて自らを縛る結果になつてしまつたこと」、すなわち、運動の性格が変革ではなく「擁護」へと変質し、新しい体制を打ちたてるのではなく、あくまで現在の枠組みを守ることに主眼が置かれるようになったという意味において。そしてさらに、これらの「目標」こそが、運動の決定的な高揚に貢献してしまった、という意味において。五月一九日の転換以降、現状の形式的な民主主義を否定し、新たな民主主義を創出する可能性が失われていく情景を、佐々木は痛切な思いで見送るしかなかった。

竹内の提示した「民主か独裁か」という構図は、国会での議論を軽視する岸政権は「独裁」であり、国会運営の正常化こそが「民主」である、という前提に立っている。それゆえに求められたものはあくまで岸政権の退場と国会の正常化であり、それを越えでるような行動は、別の意味での「民主」の破壊行為と捉えられる危険性があった。実際、六月一五日にデモ隊の一部が国会内になだれ込み機動隊と衝突した結果、東京大学の学生であった樺美智子が死亡する事件が起こると、東京の新聞七社はすぐさま共同宣言を発表し、「暴力を用いて事を運ばんとすること」は「民主主義の死滅」をもたらすものであると厳しく批判したうえで、「議会主義を守る」ことを強く求めた(49)。また竹内好も、「ファシズムの本質は暴力」である以上、「われわれは絶対に暴力を使わない」という非暴力の方針を強調している(50)。「議会主義」と「民主主義」とを同一視するこの認識においては、あらゆる暴力の可能性が否定されることとなる。そこでは、現行の国会制度という枠組みを乗りこえ、新たな「民主主義」を創設するという視点はあらかじめ排除されてしまっているのである(51)。「民主主義擁護」というスローガンの立場からすれば、すでに「民主主義」は誕生していたのであり、求められたのはその再建に過ぎなかった。佐々木はその情景を目の当たりにしてしまったからこそ、「民主主義革命をへて成就される戦後社会のイメージ」、敗戦から十五年間抱き続けてきた「戦後」の理想がもはや幻影でしかなかったことに気付いたのである。

そして「戦後」という理念の失効は、それを共有していた「戦後文学」の限界ともなるものであった。もちろん佐々木自身も書いているように、政治的な問題を文学の問題へと直結させることには危険がつきまとう。しかし平野謙の「政治と文学」論に対する評価にも表れていたように、「戦後文学」運動とは「文学という限定された領域をこえて、政治運動や労働運動のなかにまで大きな反響」を呼びおこす力を持っていた点に新たな可能性が存在していたのであって、その「戦後」という言葉には「民主主義革命」の理念が含められていたはずだ。佐々木の「戦後文学幻影説」には、「戦後文学」の中心にあるはずだった「戦後」理念の総体的な再点検こそが賭けられていたのである。

おわりに

「戦後文学幻影説」の発表とほぼ同時期、佐々木は、石川淳や坂口安吾など「新戯作派」と称された作家たちの再評価に着手している。「戦後はじめて登場した『戦後派』作家たちと、昭和十年頃の文学とを橋渡しする役割を果した」[52]というように、一九五〇年代時点の佐々木は「新戯作派」を過渡的な現象としか評価していなかった。しかし「戦後文学幻影説」の直前に発表されている「『新戯作派』について」（『国文学　解釈と鑑賞』一九六二・四）で佐々木は、これらの作家たちに「近代的な人間形成の不可能さを自覚し、その自覚のなかからうまれでるであろう近代的自我とは別様の作家主体」を見出し、そこに「現代文学そのものの、ひとつの代表的な流れ[53]」が存在していたと高く評価している。そしてこうした再評価の契機となったのは、「古典的な意味での近代文学への憧憬」が「ことごとく幻想に終つた[54]」という、安保闘争後の現状認識であった。では、戦後派文学のオルタナティブとして「新戯作派」が見出された理由はどこにあるのか。佐々木は次のように書いている。

いわゆる「新戯作派」の作家たちのもつ意味を、敗戦直後の一時期に限定することなく、いや、むしろその精神形成の源流を戦前の昭和十年前後に探索することによつて、わたしたちは、一方に、日本文学における近代の解体と、他方に、近代を超えるひとつの方向が、まさしくその解体過程のなかにうかび上つてくるすがたをみ出すことができるだろう。[55]

「昭和十年前後」という時代は、戦後文学にとっても極めて重要な意味を持っていた。平野謙は『昭和文学史』のなかで、「自意識の文学」と「社会意識の文学」とが「アウフヘーベンされる可能性」が存在していた時代としてこの時期を位置づけている。[56] そして平野の文学史観において、その「可能性」を具現するものとして特権的な地位を与えられたのが、戦後文学であった。[57] こうしたことを踏まえれば、戦後文学のオルタナティブである「新戯作派」の源流を「昭和十年前後」に求めようとする佐々木の意図がどこにあったかは明白であろう。佐々木が目論んだのは、戦後派文学を中心として記述されてきた文学史の徹底的な相対化であり、「戦後」そのものの根本的な問いなおしであったのだ。

本稿では佐々木基一の「戦後文学幻影説」と六〇年安保闘争との関係について考察し、安保闘争に「戦後」理念の限界を見たことが、佐々木の執筆動機であることを明らかにしてきた。そして、これまで殆ど顧みられることのなかった佐々木の安保闘争認識を検討することで見えてくるのは、戦後派文学と安保闘争、あるいは戦後派文学者による「戦後」批判という問題が検討不十分なままに残されているのではないか、という疑問である。

六〇年安保闘争の過程で共産党や社会党といった既成政党の権威は失墜し、代わりにヘゲモニーを掌握したニューレフトによって六八年革命が領導されることになる。[58] また文壇でも、戦後派文学者から吉本や磯田、奥野など戦中派世代の批評家へ、という世代交代が進んでいく。[59] 彼らは戦後派文学を主導した年長世代の文学者を批判していくことで自らの地位を固めていくが、そこでは「近代」や「民主主義」といった「戦後」的理念の虚妄性が徹底して暴露されることになった。しかし、「戦後」理念に対する批判は決して彼らだけの特権ではなかったはずだ。佐々木の「戦後文学幻影説」は、戦後派自身による「戦後」批判の射程とその意義について、改めて考察しなおすことを求めている。

＊本稿は、科学研究費（課題番号 20H01233）による成果の一部である。

■編著者紹介

新谷　卓（あらや　たかし）、立教大学経済学部非常勤講師、宇都宮共和大学シティライフ学部非常勤講師

明治大学大学院政治経済学研究科博士後期課程を経て、博士（政治学、明治大学）

業績：『終戦と近衛上奏文――アジア太平洋戦争と共産主義陰謀説』彩流社、2016年（単著）、『冷戦とイデオロギー 1945～1947――冷戦の起源論再考』つなん出版、2007年（単著）、『ドイツ史と戦争――「軍事史」と「戦争史」』彩流社、2011年（共編著）、『比較外交政策――イラク戦争への対応外交』明石書店、2004年（共著）、「エルンスト・ノルテ研究のために――イデオロギーの内戦としての20世紀」『年報・戦略研究6 20世紀の戦争と平和』芙蓉書房、2008年（論文）、トーマス・キューネ、ベンヤミン・ツィーマン編著『軍事史とは何か』原書房、2017年（共訳）ほか。

中島浩貴（なかじま　ひろき）、東京電機大学理工学部講師

早稲田大学大学院教育学研究科博士後期課程を経て、博士（学術、早稲田大学）

業績：『国民皆兵とドイツ帝国――般兵役義務と軍事言説 1871-1914』彩流社、2019年（単著）、『技術が変える戦争と平和』芙蓉書房出版、2018年（共著）、トーマス・キューネ、ベンヤミン・ツィーマン編著『軍事史とは何か』原書房、2017年（共訳）、「『兄弟戦争』としての『普墺戦争』」『軍事史学』第56号第2号、令和2年9月、89-108頁（研究ノート）ほか。

鈴木健雄（すずき　たけお）、京都大学高等教育研究開発推進センター特定研究員

京都大学大学院文学研究科博士後期課程指導認定退学

業績：「ドイツ社会主義の『倫理的な基礎づけ』の起源に関する一考察――レオナルト・ネルゾンの哲学とIJB/ISKの政治的立場に着目して」『世界史研究論叢』第9号、2019年、23-44頁（論文）、トーマス・キューネ、ベンヤミン・ツィーマン編著『軍事史とは何か』原書房、2017年（共訳）、『第一次世界大戦を考える』共和国、2016年（共著）、「68年を通して考える日独比較研究の意味――日独若手研究者からの提言」『ゲシヒテ』第8号、2015年、55-60頁（主旨説明）ほか。

■執筆者紹介

小島　望（こじま　のぞむ）、明治大学政治経済学部助教

明治大学大学院政治経済学研究科博士後期課程を経て、博士（政治学、明治大学）

業績：『多様性を読み解くために』東京外国語大学海外事情研究所、2020年（共著）、「三王国戦争期王党派ニュースブックにおける『ネーション』と『イングランド人』――リーア・グリーンフェルドの見解を巡って」『世界史研究論叢』第9号、2017年、23-44頁（論文）、「イングランド内戦期議会派ニュースブックに見るネーション概念――「グリーンフェルド・テーゼ」再考」『インターカルチュラル：日本国際文化学会年報』第15号、2017年、125-140頁（論文）ほか。

清水多吉（しみず　たきち）、立正大学名誉教授

東京大学大学院修士課程修了。ニューヨーク・ホウフストラ大学客員教授、東京大学、名古屋大学、早稲田大学等の講師、社会思想史学会会長を歴任。

業績：『1930 年代の光と影』河出書房新社、1977 年、『ベンヤミンの憂鬱』筑摩書房、1984 年、『武士道の誤解　捏造と歪曲の歴史を斬る』日本経済新聞出版社 、2016 年、『語り継ぐ戦後思想史——体験と対話から』彩流社、2019 年、ほか多数。

Till KNAUDT（クナウト　ティル）、京都大学人文科学研究所准教授
ハイデルベルグ大学哲学科博士（Dr. phil.）
業績：(2021) “Maikon and Cyber-Capitalism: Some Preliminary Remarks on a History of Computerization in Japan. 1960–1990.” *Zinbun* 51, 95-122. (2020) “A Farewell to Class: The Japanese New Left, the Colonial Landscape of Kamagasaki and the Anti-Japanese Front (1970-1975).” *Journal of Japanese Studies* 46 (2), 395 - 422. (2016) *Von Revolution zu Befreiung: Studentenbewegung, Antiimperialismus und Terrorismus in Japan (1968-1975)*. Frankfurt a. M.: Campus Verlag.

坂　堅太（さか　けんた）、就実大学人文科学部講師
京都大学大学院文学研究科博士後期課程を経て、博士（文学、京都大学）
業績：『安部公房と「日本」——植民地／占領経験とナショナリズム』和泉書院、2016 年（単著）、『大西巨人——文学と革命』翰林書房、2018 年（共著）、「電信柱と砂漠——別役実と安部公房」『ユリイカ』第 52 巻 12 号、2020 年 9 月、181-91 頁（論文）、「源氏鶏太「英語屋さん」にみるサラリーマン小説の「戦後」」『日本文学』第 68 巻 12 号、2019 年 12 月、33-43 頁（論文）ほか。

事項索引

あ行

か行

さ行

た行

な行

は行

ま行

や行

ら行

人名索引

あ行

か行

さ行

た行

な行

は行

ま行

や行

ら行

註

序　論

（1）『大辞泉』小学館、1998 年、第一版増補・新装版、676 頁。
（2）『ブリタニカ国際大百科辞典　小項目電子辞書版』ブリタニカ　ジャパン、2013 年。
（3）『社会科学総合辞典』新日本出版社、1992 年、666 頁。
（4）猪口孝、大澤真幸、岡沢憲芙、山本吉宣、スティーブン・R・リード編『政治学事典』弘文堂、2000 年、1117 頁。
（5）Gareth Stedman Jones, *Languages of Class: Studies in English Working Class History, 1832-1982,* Cambridge University Press, 1983, pp. 102-103.
（6）*Ibid.*, pp. 103-104.
（7）Norbert J. Gossman, "The Origins of Modern British Radicalism: The Case for the Eighteenth Century", *European Labor and Working Class History*, No. 7, 1975, p. 19.
（8）岸本広司「ウィクリス事件とバークの『現在の不満』（上）」『聖徳学園岐阜教育大学紀要』（聖徳学園岐阜教育大）第 25 巻、1993 年、2-4 頁。
（9）Eckhart Hellmuth, "Why does Corruption Matter? Reforms and Reform Movements in Britain and Germany in the Second Half of the Eighteenth Century", *Proceedings of the British Academy*, vol. 100, 1999, pp. 20-21.
（10）中山章「ブリテンにおけるナポレオン戦争後の民衆的急進主義」『神戸大学発達科学部紀要』（神戸大学）第 5 号第 1 巻、1997 年、191 頁。
（11）「哲学的急進派」については、西尾孝司「哲学的急進派の議会改革論」『神奈川法学』（神奈川大学）第 22 巻第 1 号、1986 年、183-276 頁を参照。
（12）玉井茂「チャーティストの教師　ブロンテアー・オブライエン」『岐阜大学教養部研究報告』（岐阜大学）第 6 号、1970 年、65 頁。
（13）たとえば、以下の文献を参照のこと。石塚正英『三月前期の急進主義』長崎出版、1983 年。Peter Wende, Radikalismus, in Otto Brunner (Hrsg.), *Geschichtliche Grundbegriffe: histor. Lexikon zur polit.-sozialen Sprache in Deutschland*, Bd. 5. Pro-So., Stuttgart, 1984, S.113-133.
（14）Max M. Ward. *Thought Crime. Ideology & State Power in Interwar Japan*. Duke Durham: University Press, 2019.
（15）*Ibid.*, p.79.

第一章

（1）本章におけるネイション概念とは、ネイションという語によって意味される対象を指す。
（2）ここでの三王国戦争とは、イングランド、アイルランド、スコットランドにおける内乱およびこれら各国間の戦争としての 17 世紀中葉ブリテンの動乱を意味する。なお、

議会派と王党派との間にイングランドで展開された戦争を意味するものとして「イングランド内戦」の語も同時に用いる。

（３）以上の記述は、浜林正夫『増補版イギリス市民革命史』未来社、1971年、83-204頁；David Stevenson, *The Scottish Revolution 1637-1644: The Triumph of the Covenanter*, David & Charles, Newton Abbot, 1973; *Id.*, *Revolution and Counter Revolution, 1644-1651,* Rev. ed., John Donald, Edinburgh, 2003を参照した。

（４）近年のレヴェラーズ研究としては大澤麦「共和制イングランドの成立とレヴェラーズの『人民協約』— 英国共和主義思想における社会契約論」『法学会雑誌』（首都大学東京）第52号第1巻、2011年、75-112頁；Rachel Foxley, *The Levellers : Radical Political Thought in the English Revolution*, Manchester University Press, 2014.

（５）菅原秀二「クロムウェルとウィンスタンリ — コモンウェルスの形成に向けて」田村秀夫編『クロムウェルとイギリス革命』聖学院大学出版会、1999年、98-124頁。

（６）渋谷浩『ピューリタニズムの革命思想』キリスト教夜間講座出版部、1973年、277-345頁。

（７）Hans Kohn, "The Genesis and Character of English Nationalism", *Journal of the History of Ideas*, Vol. 1, No. 1, 1940, pp. 69-94; John Pocock, "England", in: Orest Ranum (ed.), *National Consciousness, History, and Political Culture in Early-Modern Europe,* Johns Hopkins University Press, 1975, pp. 98-117; Partrick Collinson, *The Birthpangs of Protestant England: Religion and Cultural Change in the Sixteenth and Seventeenth Centuries*, Macmillan, London, 1988, pp. 1-27; Richard Helgerson, *Forms of Nationhood: the Elizabethan Writing of England*, The University of Chicago Press, 1992; Heike Scherneck, „Außenpolitik, Konfession und nationale Identitätsbildung in Pamphletistik des elisabethanischen England", in: Helmut Berding (Hg.), *Nationales Bewußtsein und Kolleltive Identitäte*, Suhrkamp, Frankfurt am Main, 1994, S. 282-300; Steven Pincus, " 'To protect English liberties': the English nationalist revolution of 1688-1689", in: Tony Claydon / Ian Mcbride (eds.), *Protestantism and National Identity: Britain and Ireland. c.1650-c.1850,* Cambridge University Press, 1998, pp. 75-104; Colin Kidd, *British Identities before Nationalism: Ethnicity and Nationhood in the Atlantic World, 1600-1800*, Cambridge University Press, 1999; 浜林正夫『ナショナリズムと民主主義』大月書店、2006年；David Loewenstein / Paul Stevens (eds.), *Early Modern Nationalism and Milton's England*, University of Toronto Press, 2008.

（８）Liah Greenfeld, *Nationalism: Five Roads to Modernity*, Harvard University Press, 1992, pp. 74-77. とりわけ、グリーンフェルドはウィンスタンリの言説におけるネイション概念と平等の連関の意義を強調し、「彼にとってイングランド人であることは、他のいかなるイングランド人とも平等であることを意味した」とすら述べる。*Ibid.*, p. 75.

（９）*Ibid.*, p. 40, p. 75, p. 77, p. 87.

（10）*Ibid.*, p. 74.

（11）*Ibid.*, p. 77.

（12）*Ibid.*, p. 9.

（13）John Breuilly, *Nationalism and the State*, 2nd ed., University of Chicago Press, 1994, p. 86.

（14）*Ibid*, pp. 86-88.

（15）付言すれば、グリーンフェルドとブルイリは当時のイングランドにおけるナショナルな自己認識と政治的自由との連関を指摘しており、政治的ナショナリズムとも言うべき

アイデンティティのあり方を強調する点においても両者は一致を示している。

(16) *Ibid*, p. 86. とはいえ、レヴェラーズ＝成人男子普通選挙権論者という見方それ自体は正確ではない点には注意が必要である。彼らの要求を突き付けた『人民協約 [an Agreement of the People]』は幾度かの改訂を経てもなお、使用人や施しを受ける者に対する参政権付与を否定していた。Foxley, *op. cit*., pp. 111-112.

(17) Breuilly, *op. cit*., p.86.

(18) Jason Peacey, "Radicalism Relocated: Royalist Politics and Pamphleteering of the Late 1640s", in: Ariel Hessayon / David Finnegan (eds.), *Varieties of Seventeenth- and Early Eighteenth- Century English Radicalism in Context,* Ashgate, Farnham, 2011, pp. 51-68. もっとも、彼は王党派言説におけるネイション概念とラディカリズムの接続について言及してはいない。

(19) 比較的新しい研究としては Jason McElligott, *Royalism, Print and Censorship in Revolutionary England,* Boydell Press, Woodbridge, 2007 (A); *Id.* / David L. Smith (eds.), *Royalists and Royalism during the English Civil Wars*, Cambridge University Press, 2007 (B); *Id.* (eds.), *Royalists and Royalism during the Interregnum,* Manchester University Press, 2010; Glenn Burgess, "Wars of Religion and Royalist Political Thought", in: Charles W. A. Prior / Glenn Burgess (eds.), *England's Wars of Religion, Revisited*, Ashgate, Farnham, 2011, pp. 169-192; 犬塚元「クラレンドンのホッブス『リヴィアサン』批判 — スチュアート王党派の「君主主義」政治思想とその系譜分類をめぐって（１）～（２）」『法学』（東北大学）第 76 巻第 3 号、第 6 号、2012 年、2013 年、187-218 頁、581-603 頁 ; Barry Robertson, *Royalists at War in Scotland and Ireland, 1638-1650*, Ashgate, Farnham, 2014.

(20) Jerome de Groot, *Royalists Identities: Loyalty and Authority During the English Revolution,* Macmillan, London, 2004, p. 28.

(21) *Ibid.*

(22) Mark Stoyle, "English 'Nationalism', Celtic Particularism, and the English Civil War", *The Historical Journal*, Vol. 43, No. 4, 2000, pp. 1125-1126; *Id., Soldiers and Strangers : an Ethnic History of the English Civil War,* Yale University Press, 2005, pp. 73-90.

(23) *Ibid.*, 2005, p. 81.

(24) *Ibid.*, p. 83. 王党派のナラティヴにおけるスコットランドと議会派の関係については、Gary Rivett, "English Newsbooks, Storytelling and Political Criticism: *Mercurius Aulicus* and the Solemn League and Covenant, September- October 1643", *Media History*, Vol. 19, 2013, pp. 3-16 も参照。

(25) グロート、ストイルの他に王党派とナショナリズムとの関係に言及した研究者としてエイドリアン・ヘースティングス、ヒラリー・ラーキンを挙げることができるが、両者とも内戦期に前後する時期の議会派、王党派のナショナルな言説の共通性を示唆するに留まる。Adrian Hastings, *The Construction of Nationhood: Ethnicity, Religion and Nationalism*, Cambridge University Press, 1997, p. 50; Hilary Larkin, *The Making of Englishmen: Debates on National Identity 1550-1650*, Brill, Leiden, 2014, p. 226.

(26) 本章では、定期的に発行された、冊子形式の報道媒体を指す語として「ニュースブック」の語を用いる。ニュースブックに関する概説としてはさしあたって以下の研究を参照。Joseph Frank, *The Beginnings of the English Newspaper, 1620-1660*, Oxford University Press,

1961; Edward Haig, "The history of the earliest English newspapers, 1620-1642",『メディアと文化』（名古屋大学大学院）第 2 号、2006 年、15-35 頁。

（27）Robert Wilcher, *The Writing of Royalism 1628-1660*, Cambridge University Press, 2000, p. 328.

（28）同紙の位置づけに関しては、王党派の機関紙的性格が先行研究において示唆されている。P. W. Thomas, *Sir John Berkenhead 1617-1679: A Royalist Career in Politics and Polemics*, Oxford University Press, 1969, p. 31; Wilcher, *op. cit.*, p. 154; McElligott, *op. cit.*, 2007 (A), p. 33.

（29）ジェイソン・マケリゴットの言を借りれば、この時期の王党派系媒体の出版者の紡いだ言説を厳格に管理統制する「コミンテルンに相当する機構」は存在しなかったのである。McElligott, *Ibid.*, p. 129.

（30）Jason McElligott, "John Crouch: a Royalist Journalist in Cromwellian England", *Media History*, Vol. 10, No. 3, 2004, p. 142.

（31）*Ibid.*, p. 143.

（32）こうした性的な当て擦りは単に政治的意図の所産であるだけでなく、当時のイングランドの大衆的伝統に即したものでもあった。McElligott, *op. cit.*, 2007 (A), pp. 60-62.

（33）Caroline Boswell, "Popular Grievances and Royalist Propaganda in Interregnum England", *The Seventeenth Century*, Vol. 27, Issue. 3, 2012, pp. 315-321.

（34）「読者」に替えて「言説の共有者」の語を用いるのは、当時の情報媒体が非識字者の眼前で朗読されることがままあり、様々な印刷物におけるナラティヴが浸透したのは識字者の間に限ったことではなかったからである。McElligott, *op. cit.*, 2007 (A), pp. 29-30; Joyce Macadam, "Mercurius Britanicus on Charles I: an Exercise in Civil War Journalism and High Politics, August 1643 to May 1646", *Historical Research*, Vol. 84, Issue. 225, 2011, pp. 491.

（35）David Underdown, *A Freeborn People: Politics and the Nation in Seventeenth- Century England,* Clarendon Press, Oxford, 1996, p. 98.

（36）McElligott, *op. cit.*, 2007 (A), p. 40.「ミドリング・ソート」とは近世イングランドにおける中間的社会層であり、具体的には商工業者や、医師や法律家等の専門職従事者を指す。坂巻清『イギリス近世の国家と都市 — 王権・社団・アソシエーション』山川出版、2016 年、13 頁。

（37）*Ibid.*, p. 41. ジョイス・マカダムによれば、内戦中に議会派が発行したニュースブック、『マーキュリアス・ブリタニカス』の記述には従来であれば政治過程より排除された層をも言説の共有者とする向きが見て取れるという。このように、内戦に前後する時期のニュースブックは、必ずしも社会上層のみを対象としていたわけではない。Macadam, *op. cit.*, pp. 474-475, p. 491.

（38）付言すれば、『月面の男』の各号の正確な発行部数は不明である。マケリゴットによれば、同紙と発行時期を同じくするニュースブックは概ね 250 部から 850 部分が印刷されたという。そのため、『月面の男』の発行部数もこの幅を超えることはなかったと考えられる。McElligott, *op. cit.*, 2007 (A), p. 28.

（39）Boswell, *op. cit.*, p. 323.

（40）*Ibid.*, pp. 322-325.

（41）*Ibid.*, p. 329.

（42）Underdown, *op. cit.*, pp. 103-108.

（43）*Ibid*., pp. 108-109.

（44）Guido Zernatto / Alfonso G. Mistretta, "Nation: The History of a Word", *The Review of Politics*, Vol. 6, No. 3, 1944, pp. 361-363; Eberhard Isenman, „Kaiser, Reich und deutsche Nation am Ausgang des 15. Jahrhunderd", in: Joachim Ehlers (Hg.), *Ansätze und Diskontinuität deutscher Nationsbildung im Mittelalter*, Thorbecke, Sigmaringen, 1989, S. 155-158; 矢吹久「ネイション概念と歴史的展開」『思想』第 788 号、1990 年、96-97 頁。

（45）和田進「フランス革命初期における国民代表思想の検討（一）——三部会第三身分の国民議会への転化」『法学論叢』（京都大学）第 99 巻第 4 号、1976 年、56-57 頁；岡本仁宏「国民」古賀啓太編『政治概念の歴史的展開』第 2 巻、晃洋書房、2007 年、33-34 頁。

（46）Chimène I. Keitner, "National Self-Determination in Historical Perspective: The Legacy of the French Revolution for Today's Debates", *International Studies Review*, Vol. 2, No. 3, 2000, pp. 16-19.

（47）Susan Reynolds, "What Do We Mean by "Anglo-Saxon" and "Anglo-Saxons"?", *Journal of British Studies*, Vol. 24, No. 4, 1985, p. 399; *Id., Kingdoms and Communities in Western Europe, 900-1300*, 2nd ed., Oxford University Press, 1997, p. 263, p. 274; *Id.*, "The Idea of Nation as a Political Community", in: Len Scales / Oliver Zimmer (eds.), *Power and the Nation in European History*, Cambridge University Press, 2005, pp. 57-58; Caspar Hirschi, *Wettkampf der Nationen. Konstruktionen einer deutschen Ehrgemeinschaft an der Wende vom Mittelalter zur Neuzeit,* Wallstein Verlag, Göttingen, 2005, S. 39, S. 131, S. 155.

（48）Michael Mann, *A History of Power from the Beginnings to AD 1760*, Cambridge University Press, 1986［森本醇／君塚直隆訳『ソーシャル・パワー——社会的な〈力〉の世界歴史（1）先史からヨーロッパ文明の形成へ』NTT 出版、2002 年、508-509 頁］, p. 469.

（49）*Man in the Moon*, No. 17, [140]-[141]. 以下、『月面の男』からの引用に際しては同紙を MiM と表記した上で、号数と通し頁数を記す。

（50）『月面の男』において「ネイション」が政治共同体のニュアンスを色濃く帯びた形で用いられる例を挙げれば、同紙第 7 号の最終頁において、彼は「流行遅れであるので、王国とは言わない」と断った上で「ネイション」を用いている。*MiM*, No. 7, [32].

（51）ここでの「約定」とは共和国政府への忠誠誓約を意味しており、最終的には 1650 年 1 月に全成人男子への署名を義務付ける立法が成立した。Edward Vallance, "Oaths, Casuistry, and Equivocation: Anglican Responses to the Engagement Controversy", *The Historical Journal,* Vol. 44, No. 1, 2001, p. 61.

（52）*MiM*, No. 29, [231].

（53）Vallance, *op. cit*., p. 61.

（54）*Severall Proceedings in Parliament*, No. 7, [61]-[62].

（55）なお、アレックス・クレイヴンは「約定」の署名者を社会的出自の低い層であったとしている。Alex Craven, "'For the better uniting of this nation': the 1649 Oath of Engagement and the people of Lancashire", *Historical Research*, Vol. 83, Issue. 219, 2009, p. 94.

（56）*MiM*, No. 3, [21].

（57）*MiM*, No. 17, [140].

（58）*Ibid.*

(59) コラは旧約聖書の民数記第16章に、アカンは同ヨシュア記第7章に登場する。前者は、ヘブライ人の共同体全体が神の下にあるにもかかわらず、モーセらが神との特別な関係を有しているとして反抗を企て、神の起こした地割れによって死亡した。後者はエリコ制圧に際して神の意に背いて財宝を略奪し、その罪を咎められて処刑された。共同訳実行委員会編『聖書 新共同訳』日本聖書協会、1987年、277-289頁、402-404頁。ここでクロムウェルらが二人に擬えられている事実は、彼らが神によって選ばれた君主に嫉妬し（コラ）、自らの欲望の赴くままに振る舞う（アカン）とのクローチの認識の存在を端的に伝える。

(60) *MiM*, No. 17, [140].

(61) *MiM*, No. 55, [413], [1-2]. 以下に検討を加える詩は長大であるため、引用に際しては頁数に加えて、鉤括弧を付した行数を記す。

(62) *Ibid.*, [4].

(63) *Ibid.*, [7-12].

(64) *Ibid.*, [13-16].

(65) *Ibid.*, [17-24].

(66) *Ibid.*, [29].

(67) *Ibid.*, [27].

(68) *Ibid.*, [3].

(69) *Ibid.*, [3-6].

(70) *MiM*, No. 15, [130].

(71) *Ibid.*

(72) *MiM*, No. 57, [426].

(73) 同様の記述例としては *MiM*, No. 53, [402] を参照。

(74) *MiM*, No. 53, [402]. 同様の記述の例としては、*MiM*, No. 26, [216].

(75) *MiM*, No. 53, [402].

(76) *MiM*, No. 15, [123].

(77) 同様の記述の例としては、*MiM*, No. 4, [31]; No. 12, [99]. いずれの詩も、「イングランド人の歩兵」、「イングランド人」に対して、共和国政府に対する抵抗を訴えている。

(78) クローバリゼーションによって主権国家から成る世界体系が毀損され、それに対する反発が左派右派の言説的差異を超えた形で具体化しつつある今日の状況を検討する上で、かかる視座は有効である。ヨーロッパにおける「ポピュリズム的」とされる左派右派の運動は、幾つかの相違点を示しながら、反グローバリゼーションを運動の根幹に据える点で共通する。石田徹「欧州を揺るがす「福祉ポピュリズムの波」:「左翼ポピュリズム」というもう一つの動き」『龍谷政策論集』（龍谷大学）第7巻第1/2号合併号、2018年、8頁。むろん、17世紀イングランドにおける政治状況と、21世紀初頭の今日の史的条件は大きく異なり、両者を安易に結びつけることはできない。しかし、急激な変化の希求、あるいはそうした潮流への反応が、政治的フレームワークを超える形で表出するという点は、ある意味で普遍的な現象であるのかもしれない。

第二章

（１） Eckart Kehr, Klassenkämpfe und Rüstungspolitik im kaiserlichen Deutschland, in:Kehr, *Der Primat der Innenpolitik. Gesammelte Aufsätze zur preussisch-deutschen Sozialgeschichte im 19. und 20.* Jahrhundert, hrsg. von Hans Ulrich-Wehler, Berlin 1965, S.87-110.

（２）アルフレート・ファークツ、望田幸男訳『ミリタリズムの歴史 —— 文民と軍人』福村出版、2003 年。

（３） Gordon A. Craig, *The Politics of Prussian Army 1640-1945*, Oxford University Press, 1964.

（４）Hans-Ulrich Wehler, *Das deutsche Kaiserreich, 1871-1918*, Göttingen 1973（ハンス＝ウルリヒ・ヴェーラー、大野英二・肥前栄一訳『ドイツ帝国 1871-1918 年』未来社、1983 年）.

（５）Wilhelm Deist, *Militär, Staat und Gesellschaft. Studien zur preußisch-deutschen Militärgeschichte,* München 1991.

（６） Reinhard Höhn, *Sozialismus und Heer*, I: Heer und Krieg im Bild des Sozialismus, Bad Harzburg 1959; II: Die Auseinandersetzung der Sozialdemokratie mit dem Moltkeschen Heer, Bad Harzburg, 1961; III, Der Kampf des Heeres gegen die Sozialdemokratie, Bad Harzburg 1969.

（７） Stig Förster, *Der doppelte Militarismus. Die deutsche Heeresrüstungspolitik zwischen Status-quo-Sicherung und Aggression 1890-1913*, Stuttgart 1985.

（８） 本稿で言及する「軍国主義」とは、プロイセン及びドイツ帝国において政治的に形成された用語のことを示すものである。本文でも言及しているように、批判を明確にするための概念として本稿では用いられる。また「反軍国主義」も「軍国主義」という政治的な概念に対する対抗軸を総称した用語であり、実態として「反軍国主義」が示すものは概念上の存在である。概念によって「軍国主義」と「反軍国主義」が規定され、対立関係が急進化していったことが本稿の主要な目的意識となっている。なお、近年のドイツ近現代史研究、あるいは軍事史研究で用いられる概念としての軍国主義は当時の政治的対立関係から切り離されたものであり、当時の社会的状況を歴史的に俯瞰するための概念である。現在の軍国主義概念は、ドイツ帝国における社会の軍事化傾向を表現する際に軍国主義の表現を用いる。この点を明確に区別しておきたい。Thomas Kühne/Benjamin Ziemann (Hrsg.), *Was ist Militärgeschichte?*, Paderborn 2000, S.23-27（トーマス・キューネ、ベンヤミン・ツィーマン編、中島浩貴ほか訳『軍事史とは何か』原書房、2017 年、22-25 頁）.

（９） 社会主義者に対する対抗プロパガンダの問題については、包括的な研究として以下の研究を参照。ただし、軍隊に関する言説はこの中で十分に検討対象として扱われていない。Alex Hall, The War of Words: Anti-socialist Offensives and Counter-propaganda in Wilhelme Germany 1890-1914, *Journal of Contemporary History*, 11(1976), pp.11-42.

（10） プロイセン・ドイツにおける軍国主義概念の形成については、フォルカー・R・ベルクハーン、三宅正樹訳『軍国主義と政軍関係——国際的論争の歴史』南窓社、1991 年、18-20 頁。

（11） キューネ、ツィーマン編『軍事史とは何か』22 頁。

（12） SPD の帝国議会での軍事議論については、以下の研究が重要である。Bernhard Neff, *„Wir wollen keine Paradetruppe, wir wollen eine Kriegstruppe..." Die reformorientierte Militärkritik der*

SPD unter Wilhelm II. 1890-1913, Köln 2004.

(13) 関嘉彦『ベルンシュタインと修正主義』早稲田大学出版部、1980 年、201-204 頁。

(14) エンゲルスの軍事論については、中島浩貴「フリードリヒ・エンゲルスと将来戦 — イデオロギーと客観性の間で」『立正西洋史』24 号、2007 年、26-38 頁を参照のこと。

(15) ヒルファーディングの反軍国主義言説とその限界性については、以下を参照せよ。保住敏彦『ドイツ社会主義の政治経済思想』法律文化社、1993 年、250-257 頁。

(16) ローザ・ルクセンブルクの当時の国際情勢と戦争のとらえ方については、帝国主義と戦争の必然性が重視されていた。例えばベルクハーン『軍国主義と政軍関係』39-43 頁、松岡利道『ローザ・ルクセンブルク　方法・資本主義・戦争』新評論、1988 年、262-279 頁。その一方で、ルクセンブルクの軍事制度への理解は独自のものとは言えなかったようである。たとえば、ルクセンブルクは「民兵と軍国主義」のなかで修正主義者シッペルを批判しているが、その主張には独自の見解はなく、エンゲルスの軍事問題に関する見解を確認することを求めている。Rosa Luxemburg, Sozialreform oder Revoltion ? Mit einem Anhong: Miliz und Militarismus (Februar 1899), ebenda, Gesammelte Werke, Bd. 1, 1. Halbbd., Berlin 1982, S. 446–466. この点からしても、ルクセンブルクの軍事自体に関する個別の関心はそれほど高いものではなかった。彼女は軍事的なものの解釈に力点を置かず、軍事組織をだれがどのように管理、監督していくのかという主導権争いとは違って、そもそも帝国主義という戦争を前提とした構造そのものに対する否定が前提であった。資本主義が必然的に伴う競争が、国際的な対立を激化させ、それが帝国主義を招く状況、そしてそれが戦争を招くのであるという考え方は、基本的に多くの社会主義者に共通していたが、ルクセンブルクの独自性はこの辺りにあろう。同時代人としてレーニンもまた戦争の問題を扱っているが、ただし、帝国主義によってもたらされる戦争に対してどのように対応していくのかという考え方においては、ルクセンブルクとレーニンの思考は大きく異なっている。ルクセンブルクの基本的な姿勢は帝国主義戦争を正当化しようとする主張の根源的な否定であるのに対して、レーニンの戦争観を見ると、彼が戦争を所与のものととらえ、理解しようとしている。いずれにせよ、第一次世界大戦に向かっていく過程で、旧来の軍とどのように関わっていくのか、あるいは旧来の軍とどのようにかかわっていくのかという問題は多くの選択肢があり、容易な解決策を導き出せるものではなかった。

(17) 関、前掲書、210 頁より引用。

(18) 同書、211 頁より引用。

(19) Neff, „*Wir wollen keine Paradetruppe, wir wollen eine Kriegstruppe...*“, S.77-83.

(20) ベーベルの軍事論としてまとまったものとして、August Bebel, *Nicht stehendes Heer sondern Volkswehr!*, Berlin 1898 を参照。ベーベルの帝国議会での軍事的主張がいかに印象的にとらえられていたかについては、当時のプロイセン陸軍大臣カール・フォン・アイネムの回想録からも垣間見ることができる。Karl von Einem, Erinnerungen eines Soldaten 1853-1933, Leipzig 1933, S.67-69. なお、のちに東独の社会主義統一党で高位についた人物の学位論文であり、今からすれば強いイデオロギー性を伴っているという意味では問題があるが、Günter Henning, *August Bebel: Todfeind des preußisch-deutschen Militärstaats 1891-1899*, Berlin 1963 は当時のベーベルの反軍国主義が、東独でどのように扱われるべきで

あったのかという観点から現在かえって目を引くものである。

(21) 大森北文「カール・リープクネヒトの反軍国主義論 —1907 年『軍国主義と反軍国主義』まで —」『西洋史論叢』第 13 号、早稲田大学西洋史研究会、1991 年、30-43 頁。Nicholas Stargardt, *The German idea of Militarism. Radical and Socialist Critics 1866-1914*, Cambridge 1994, pp.91-107. ベルクハーン『軍国主義と政軍関係』38-39 頁 .

(22) Neff, *„Wir wollen keine Paradetruppe, wir wollen eine Kriegstruppe...*“, S.27-41；中島浩貴「ドイツ第二帝政期の軍隊内部における一般兵役義務をめぐる言説 一八七一～一九一四：自己正当化から軍事的合理性の追求を中心として」『一九世紀学研究』第 9 号、2015 年、105 頁。

(23)『ジンプリチスムス』での批判的視点を分析したものとして、以下を参照。Katharina Rogge-Balke, *Befehl und Ungehorsam. Kaiserliches Militär und wilhelminische Gesellschaft im satirischen Blick des Simplicissimus*, Marburg 2014.

(24) Neff, *„Wir wollen keine Paradetruppe, wir wollen eine Kriegstruppe...*“, S.54-57; リヒターについては、中島浩貴「ドイツ第二帝政期の自由主義と軍隊——オイゲン・リヒターを中心に」『戦略研究』5 号、戦略研究学会、2007 年、187-201 頁。

(25) ドイツ帝国における平和主義運動については、以下の文献を参照。主要な検討対象はヴァイマル期以降であるが、本書にも帝政期の概略がある。竹本真希子『ドイツの平和主義と平和運動　ヴァイマル共和国期から一九八〇年代まで』法律文化社、2017 年、21-28 頁。

(26) 本書については、以下の論文、翻訳がある。糸井川修「ベルタ・フォン・ズットナーの生涯と小説『武器を捨てよ！』」『愛知学院大学教養部紀要』第 48 巻 3 号、2000 年、49-68 頁。ベルタ・フォン・ズットナー、ズットナー研究会訳『武器を捨てよ！』上下、新日本出版社、2011 年。なお、『ドイツ・レビュー』誌では永久平和に関する平和主義者と軍事オピニオンリーダーの論説が双方掲載されていた。Bertha von Suttnar, Der ewige Krieg und die Friedensbewegung, in: *Deutsche Revue*, 29 Jahrgang. 2 Band, Leipzig und Stuttgart 1904, S. 18-23. ズットナーの主張に対し、ドイツの軍人（コルマール・フォン・デア・ゴルツ）の主張が対置されていた。Colmar von der Goltz, Noch einmal der „ewige Friede“, in: *Deutsche Revue*, 29. Jahrgang. 2 Band, 1904, S. 23-25.

(27) この書簡でのモルトケの反論「永久平和は夢であり、美しい夢でさえなく、戦争は神の世界秩序の構成要素なのである。戦争のなかで人間の最も高貴な美徳、勇気や諦念、命を懸けた義務への忠実や献身が発揮されるのである。戦争がなかったとしたら世界は物質主義に沈んでしまう。」は平和主義への批判として頻繁に引用された。。Brief an Prof. Bluntschli, 11. Dezember 1880, in: Förster(Hg), *Moltke. Vom Kabinettskrieg zum Volkskrieg. Eine Werkauswahl*, Bonn 1992, S.633-635. なお、戦争の意義について論じるこのテキストは象徴的な意味合いを持ち、同時代の日独の戦争肯定論の問題を論じた文脈でもヒントを与えてくれる。中島浩貴「戦争肯定論と総力戦——ドイツ軍事議論の日本陸軍への影響」『東京電機大学総合文化研究』第 15 号、2017 年、91-92 頁。

(28) ラインハルト・リュールップ、山口定訳「クヴィッデ」ハンス＝ウルリッヒ・ヴェーラー編、ドイツ現代史研究会訳『ドイツの歴史家』第三巻、未来社、1983 年、79-123 頁。ベルクハーン『軍国主義と政軍関係』29-30 頁。

(29) 武田昌之「近代西欧国際組織構想概観 日本国憲法第九条の歴史的位置付けのために」『北

海道東海大学紀要 人文社会科学系』第6号、1993年、25-38頁；武田「近代西欧国際組織構想概観（二）ハーグ平和会議の前後を中心に」『北海道東海大学紀要 人文社会科学系』第8号、1995年、49-62頁を参照。

（30）Höhn, *Sozialismus und Heer*, I: Heer und Krieg im Bild des Sozialismus; II: Die Auseinandersetzung der Sozialdemokratie mit dem Moltkeschen Heer; III, Der Kampf des Heeres gegen die Sozialdemokratie.

（31）Wolfram Wette, Sozialismus und Heer. Eine Auseinandersetzung mit R. Höhn, in: *Archiv für Sozialgeschichte*, Sonderdruck, Bd.14, Bad-Godesberg 1975, S.610-622; Neff, „*Wir wollen keine Paradetruppe, wir wollen eine Kriegstruppe...*“, S.19; Oliver Stein, *Die deutsche Heeresrüstungspolitik 1890-1914. Das Militär und der Primat der Politik*, Paderborn 2007, S.57.

（32）ネフもこの観点でヘーンを批判している。Neff, „*Wir wollen keine Paradetruppe, wir wollen eine Kriegstruppe...*“, S.19.

（33）すでにドイツ帝国創成期には、社会主義者たちの軍事問題への発言が帝国議会を通して「政治的」に軍に伝わっていた状況については、ヘーンに詳しい。たとえば以下を参照。Höhn, *Sozialismus und Heer, II: Die Auseinandersetzung der Sozialdemokratie mit dem Moltkeschen Heer*, S.47-69.

（34）Helmut Schnitter, *Militärwesen und Militärpublizistik*, Berlin 1967, S.85-106. この中でもっとも著名なアウグスト・カイムが活動を行い始めた状況については、以下を参照、Förster, *Der Doppelte Militarismus*; Stein, *Die deutsche Heeresrüstungspolitik 1890-1914*, S.63-66.

（35）Albert von Boguslawski, *Die Parteien und die Heeresreform*, Berlin 1892.

（36）民兵制については、以下を参照せよ。中島浩貴『国民皆兵とドイツ帝国　一般兵役義務と軍事言説 1871-1914』彩流社、2019年、12頁。

（37）この問題については、Frank Becker, *Bilder von Krieg und Nation. Die Einigungskriege in der bürgerlichen Öffentlichkeit Deutschlands 1864-1913*, München 2001, S. 159-200.

（38）Becker, *Bilder von Krieg und Nation*. S.245-250.

（39）一般兵役義務については、以下を参照せよ。中島『国民皆兵とドイツ帝国』9-13頁。

（40）Höhn, *Sozialismus und Heer*, III, S.108.

（41）以下より引用。Deist, Die Armee in Staat und Gesellschaft 1890-1914, in: ders, *Militär, Staat und Gesellschaft*, S. 25.

（42）Erlass des preußischen Ministers des Innern an die Oberpräsidenten vom 31. März 1890, zitiert nach Höhn, *Sozialismus und Heer*, III, S.108. なお、Stein, *Die deutsche Heeresrüstungspolitik 1890-1914*, S.56では、プロイセン内相の布告によって「ある程度社会民主党と関係のある」全新兵を補充部隊当局に報告することが決まった、と書かれているが、引用個所を確認すると必ずしも「決まって」はいたわけではないようである。

（43）Theodor Schiemann (Pseudonym: Friedrich von Bernhardi), *Videant consules, ne quid res publica detrimenti capiat*, Kassel 1890.

（44）Neff, „*Wir wollen keine Paradetruppe, wir wollen eine Kriegstruppe...*“, S.51-52. なお、訓令戦術（Auftragstaktik）を提唱したのが、ヴェルノワとジギスムント・フォン・シュリヒティンクである。訓令戦術では、指揮官からの命令に際し柔軟な解釈・対応が尊重される。

（45）ボグスラウスキーについては、中島「ドイツ第二帝政期の軍隊内部における一般兵

役義務をめぐる言説 一八七一～一九一四」104 頁。Niklaus Meier, *Warum Krieg? Die Sinndeutung des Krieges in der deutschen Militärelite 1871-1945*, Paderborn 2012, S.302-303. 軍事法案審議と関連深い Boguslawski, *Der Krieg in seiner wahren Bedeutung für Staat und Volk,* Berlin 1892 のなかには社会主義者と平和主義者が主な批判対象として名指しされている。

(46) 帝国議会での陸軍法案への賛否に対する紹介、反論がなされたパンフレットとして、以下のものがある。いずれも、反対党派、反対した議員の主張を詳細に説明しており、それに対し軍事的必要性から再批判をおこなっている。Boguslawski, *Die Parteien und die Heeresreform;* Boguslawski, *Reichstag und Heer. Ein Wort wider den Fraktionsgeist,* Berlin 1893. なお、一八九二年のパンフレットについては、中島浩貴「一八九二年軍事法案とヴィルヘルム期の軍と議会 ― ドイツ第二帝政期の政軍関係の一視点」『立正西洋史』立正大学西洋史研究会、18 号、2002 年、1-18 頁で内容を要約している。

(47) この問題については、中島浩貴「ドイツ第二帝政期の軍隊内部における一般兵役義務をめぐる言説 一八七一～一九一四」102-106 頁でも触れているが、本稿では一八九〇年を境にした言説の変化に焦点を当てている点でさらに遡っている。

(48) 同論文、104-106 頁。

(49) August Keim, *Warum muss Deutschland seine Wehrmacht verstärken?*, Berlin 1893. なお、シュタインは「カイムが初めて軍事著述家としての制限規定から解放された」と記している。Stein, *Die deutsche Heeresrüstungspolitik 1890-1914*, S.205. だが、このパンフレットはボグスラウスキーが書いたものほど、批判的ではない。

(50) 別の冊子でも、平和主義一般に対する批判がはっきりと記述されているが、その対象には具体性を欠いていた。Keim, *Aufklärung über die Militärvorlage*, Berlin 1892, S.19. このパンフレットにおけるカイムの立場についての評価については、以下を参照。Förster, *Der Doppelte Militarismus*, S.64-65.

(51) Boguslawski, *Vollkampf-nicht Scheinkampf. Ein Wort zur politischen Lage im Innern*, Berlin 1895.

(52) Höhn, *Sozialismus und Heer*, III, S.; Deist, Die Armee in Staat und Gesellschaft 1890-1914, in: ders, *Militär, Staat und Gesellschaft*, S.

(53) Zur Reform des Miliär-Strafverfahrens, in: J*ahrbücher für die deutsche Armee und Marine*, Band 95, 1894, S.158.

(54) Boguslawski, *Die Ehre und das Duell*. Zweite mit Berücksichtigung der neuesten deutschen Verordnung und der jüngsten Vorgänge umgearbeitete Auflage, Berlin 1896.

(55) [Anonym], *Der militärische Geist in Deutschland. Eine Erwiderung auf die „Anklageschrift eines deutschen Historikers" von einem andern deutschen Historiker*, Frankfurt am Main 1893. というのも、クヴィッデのパンフレットは一八九三年に出版されたが、軍事雑誌『ドイツ陸海軍年報』一八九三年七月号にはすでにこの反論パンフレットの書評が掲載されており、極めて迅速な対応がなされていた。Der militärische Geist in Deutschland., in: *Jahrbücher für die deutsche Armee und Marine*, Band 88, 1893, S.252-253. その内容における軍事的価値観の肯定という当時の軍内部の言説の近さから考えて、匿名であることも併せて何らかの軍事著述家の関与が推測される。

(56) August Bebel, *Nicht stehendes Heer sondern Volkswehr!*, Berlin 1898.

(57) Boguslawski, *Volksheer nicht Volkswehr*, Berlin 1898.

（58）書評については、Volksheer nicht Volkswehr, Ein Wort über Heereseinrichtungen für weitere Volkskreise, A. Von Boguslauski, in: *Jahrbücher für die deutsche Armee und Marine*, Band 109, 1898, S.113-115.

（59）戦略論争については、以下を参照。小堤盾『デルブリュック』芙蓉書房出版、2009年、216-245頁。参謀本部の戦史理解の問題性については、Martin Raschke, *Der politisierende Generalstab. Die friderizianischen Kriege in der amtlichen deutschen Militärgeschichtsschreibung 1890-1914,* Freiburg 1993, S. 31-62.

第三章

（１）「イデオロギーの内戦」については、Ernst Nolte, *Der europäische Bürgerkrieg 1917-1945: Nationalsozialismus und Bolschewismus*, Berlin, Frankfurt/Main, 1987; *Weltbürgerkrieg der Ideologien: Antworten an Ernst* Nolte, hrsg. v. Thomas Nipperdey, Anselm Doering-Manteuffel, und Hans-Ulrich Thamer, Festschrift zum 70. Geburtstag, Berlin, 1993 を参照。ノルテの思想に関しては、新谷卓「エルンスト・ノルテ研究のために――イデオロギーの内戦としての20世紀」『20世紀の戦争と平和 年報 戦略研究』第6号、戦略研究学会、2008年、199-219頁参照。

（２）「日独防共協定」においては、交渉当事者のあいだではじめから軍事同盟として考えられていた。ベルリン駐在陸軍武官大島浩が最初に交渉過程で提示していた協定の形態は軍事協定の色彩の強いものであった（田嶋信雄『ナチズム極東戦略――日独防共協定を巡る諜報戦』講談社、1997年、69-70頁）。またソ連に「負担を軽からしめない」ことを目的とする軍事協定に「アンティコミンテルンパクト（Antikominternpakt）」（ドイツ側は「防共」ではなくアンティコミンテルンという言葉を使った）という名称を付けたのは、国家と国家の間の軍事協定であるという事実を隠す「マント」と考えられていた（三宅正樹『近代ユーラシア外交史論集――日露独中の接近と抗争』千倉書房、2015年、131頁以下）。

（３）イデオロギーは、時代の経済的な基盤（マルクス主義的に言えば階級）と深く関係しつつ、新聞・雑誌・映画、そしてラジオなどのコミュニケーションツール、さまざまな文化的な装置（学校・大学・文化的な団体・芸術）を通して、為政者（政治家・官僚・軍人·宮中）、知識人、文化人、大衆の言葉が限定的な空間のなかで「エコー」しながら、無意識のレベルで形成されるものである。それが理論と情動に裏付けられてある程度の人々に共有されるようになると、自立性、持続性、内部での限定的な合理性・排他性をもつ黙示的な権力作用によって、そこに生きる人々のディスクールや行動を規定・限定していく。たとえその裂け目からイデオロギーの虚偽を自覚する者が現れたとしても、そのイデオロギー空間を守る装置によって、ときに暴力によって隔離ないしは排除されることになる。

（４）イマニュエル・ウォーラーステイン、松岡利道訳『アフター・リベラリズム――近代世界システムを支えたイデオロギーの終焉』藤原書店、1997年、115-146頁。「一種の自然な保守主義は常に存在したが、しかし1790年以前には『保守主義原則により意識的

に保持された組織に類似した』ものなどなかった」とセシル卿は主張した（同上、120頁）。こうした見方を基礎とした「保守主義」の一般的特質としては以下参照。小松茂夫「保守の価値意識」『岩波講座 現代思想Ⅴ反動の思想』岩波書店、1957年、228-231頁。「反動・反革命・保守」という一連の政治用語の語源についての歴史的考察は、丸山眞男「反動の概念 — ひとつの思想史的接近」同上、8-10頁。このシリーズ以降「反動」が講座の主題として取りあげられることはなくなった。橋川文三は、近代日本において伝統主義とは異なるバーク的な保守主義がはじめて登場するのは、明治20年前後だとしている（中島岳志編『橋川文三セレクション』岩波書店（岩波現代文庫）、2011年、319頁）。

（５）前掲『アフター・リベラリズム』120-123頁、198-200頁。また丸山眞男は、バンジャマン・コンスタンが『政治的反動』（1797年）において、反動を「人間に対する反動」と「理念に対する反動」に分けたことに注目し、後者を「革命のイデオロギー及び制度に対する反動」とみなした（前掲『反動の思想』13-15頁）。

（６）エリック・ホブズボーム、河合秀和訳『20世紀の歴史——極端な時代（上）（下）』三省堂、1996年。フランソワ・フュレ、楠瀬正浩訳『幻想の過去—— 20世紀の全体主義』バジリコ、2007年。

（７）François Furet, Ernst Nolte und Feindliche Nähe, *Kommunismus und Faschismus im 20. Jahrhundert,* München, 1998, S. 44-45.

（８）こうした見方によって、ノルテは80年代のいわゆる「歴史家論争」でナチスの犯罪を免罪するものとして非難された。

（９）Ernst Nolte, *Sind die Begriffe "europäischer Bürgerkrieg" und "Weltbürgerkrieg" wissenschaftlich legitim?* Vortrag (Oktober, 1997). 明治大学での講演。ノルテは、フランス革命以降の対立を、ヨーロッパを出自とする「リベラリズム」「保守主義」「社会主義」といったイデオロギー間の「第一のヨーロッパの内戦」としている。エリック・ホブズボーム、フランソワ・フュレもまたそれぞれ異なる観点であるが「内戦」の時代を「イデオロギーの内戦」として描いている。以下の文献も参照。エンツォ・トラヴェルソ、宇京頼三訳『ヨーロッパの内戦——炎と血の時代1914-1945年』未來社、2018年、41頁以下。ここではイデオロギーの内戦を、30年戦争の時代にまで遡らせている。

（10）安部博純は、日本国家主義運動史のパイオニアであり戦後においても学会の第一人者であった木下半治が右翼運動とファシズム、そして国家主義、超国家主義などの概念をかなり恣意的に使っていることを批判的に指摘している（安部博純「戦前日本における国家主義団体の類型」『北九州大学　法政論集』第6巻第4号、北九州大学法学会、1979年、33頁）。日本にファシズムと呼べるようなものが存在したのか否か、この論争を「日本ファシズム論争」という。日本ファシズムの特徴について言及した論文は多数あるが、振りかえってまとめたものとして、木坂順一郎「日本ファシズム国家論」『日本ファシズムの確立と崩壊——体系・日本現代史 第三巻』日本評論社、1979年が参考になる。

（11）各種事典でも「厳密な定義を行うことは困難である」（『日本大百科全書』）、「社会科学上の概念としては曖昧」（『ブリタニカ国際百科事典』）とされる。以下も参照。須崎慎一「日本ファシズム運動試論」『日本ファシズム（２） 国民統合と大衆動員』日本現代史研究会編、大月書店、1982年、11頁以下。

(12) 堀幸雄『最新　右翼辞典』柏書房、2006年、49頁以下。

(13) こうした幅広い定義は、ノルテが「超越に対する抵抗（Widerstand gegen die Transzendenz)」という術語で「ファシズム」を表現した事態である。Ernst Nolte, *Der Faschismus in seiner Epoche: Die Action française, der italienische Faschismus, der* Nationalsozialismus, München, 1963, S. 515.

(14) 木下半治『日本国家主義運動史Ⅰ』福村出版、1971年、2頁。本書は何度か改訂されており、初版は戦前の1939年に刊行されている。

(15) 内務省警保局編『社会運動の状況4　昭和七年』（復刻版）三一書房、1971年、809頁。

(16) 丸山眞男「日本ファシズムの思想と運動」『丸山眞男集 第三巻 1946-1948』岩波書店、1995年、262-270頁。もっとも「上からのファシズム」という言葉は、大衆的エネルギーを利用して政権を下から獲得した独・伊のファシズムとは異なっており、「上からのファシズム」という言葉は矛盾しているとする見方もある。

(17) この類型化の弊害については、前掲「戦前日本における国家主義団体の類型」28-29頁。

(18) 矢部貞治『近衛文麿』読売新聞社、1976年、455頁。矢部は、「革新右翼」は、陸軍統制派の将校と結ばれ、末次信正、中野正剛、橋本欣五郎、白鳥敏夫などが含まれ、顕著に親独的で三国同盟に熱心な主張者であるとし、他方「観念右翼」は、反ファシズム、反ナチズムであり、純正日本主義である。皇道派に近く、小林順一郎、井田磐楠らが中心で、平沼騏一郎、頭山満などとも連携し、井上日召や三上卓ともつながっているとみている。

(19) 前掲「日本ファシズムの思想と運動」268-269頁。右翼団体の詳細な類型化については、前掲「戦前日本における国家主義団体の類型」38頁以下に詳しい。

(20) 保守と反動右翼の理解には、橋川文三が援用しているA・L・ローウェルの図式が役立つ。ローウェルは、縦軸に「満足（contented)」・「不満足（discontented)」、横軸に「未来への楽観（sanguine)」・「未来への悲観（not sanguine)」という二つの座標軸を組みあわせ、リベラル（満足・楽観）、ラディカル（不満足・楽観）、保守主義（満足・悲観）、反動（不満足・悲観）の四つの象限を想定する。これによってそれぞれの立場が何を敵としているのか、どの立場と共闘できるのか、一般に人がどのような態度に変化しやすいのかがよく理解できる（前掲『橋川文三セレクション』329-330頁）。また橋川は、ナショナリズムはこの四つのどの立場にも結びつくとしている。「ナショナリズムがそれらの概念と結びつくのは『偶然の出来事』にすぎないとさえいわれる」（同上、332頁）。

(21) 荒原朴水『大右翼史』大日本国民党、刊行年不明、序文18頁。

(22) 荻野富士夫『思想検事』岩波書店（岩波新書）、2000年、76-77頁。

(23) 前掲『社会運動の状況4　昭和7年』809頁以下。

(24) 前出の小松の論文では、右翼ではないが、保守主義が何を保守するのかという視点から「アンティ・フランス啓蒙思想」「アンティ・自由主義」「アンティ・社会主義」の三つを挙げている（前掲「保守の価値意識」229頁）。

(25) これについては、伊藤隆「右翼運動と対米観——昭和期における「右翼」運動研究覚書」『日米関係史　開戦に至る十年 3 議会・政党と民間団体』東京大学出版会、1971年、257頁以下。永井和『日中戦争から世界戦争へ』思文閣出版、2007年、260頁以下。萩原稔「1930年代の日本の右翼思想家の対外認識——満川亀太郎・北一輝を中心に」伊藤信哉、萩原

稔編『近代日本の対外認識Ⅰ』彩流社、2015 年、228 頁以下などを参照。
(26) 伊藤隆『日本の近代 16 日本の内と外』中央公論新社、2001 年、237 頁以下による。
(27) 前掲「日本ファシズムの思想と運動」264 頁。
(28)『戦前における右翼団体の状況(上巻)』公安調査庁、1964 年、219 頁。
(29) 前掲『日本国家主義運動史Ⅰ』37 頁。
(30) 前掲「日本ファシズムの思想と運動」263 頁。「赤化防止団」の米村嘉一郎は、国粋会、大和民労会などと連絡し、ヨッフェに面会を強要し、後藤新平の私邸に乱入して暴行を働いた。さらにヨッフェを追い神経痛療養のため訪れていた熱海に出向き、そこで「過激主義社会主義実行ノ巨頭ヨッフェハ政治的野心ノ権化タル後藤子爵ト握手シ病ヲ名トシテ我熱海ニ隠レテ陰謀策源地タラシム」「……赤化鬼ト共ニ売国奴ヲ葬レ」といった檄文をまくなどの行動をおこしている(小林幸男『日ソ政治外交史——ロシア革命と治安維持法』有斐閣、1985 年、126 頁)。
(31) 前掲『日本国家主義運動史Ⅰ』21 頁。
(32) 前掲「日本ファシズムの思想と運動」264 頁。内務省警保局は、1918、19 年頃からの国家主義運動について次のようにまとめている。「大正七、八年頃ヨリ社会主義思想ノ流行的発展ヲ見ルニ至ルヤ国家主義運動ハ其ノ中心目標ヲ之等新思潮ノ排撃ニ集中シタルガ、此ノ種運動者中ニハ労使ノ紛争ニ介入シテ徒ニ労働者側ヲ壓迫 (あっぱく) シ其他左翼運動者ニ対シテ暴力的迫害ヲ加フルモノアルノミナラズ、甚シキハ忠君愛国ノ美名ヲ藉 (か) リテ「掠 (かすめる)」行為ヲ常習トスルモノ多キヲ加フルニ至リ、漸 (ようや) ク世人ノ顰蹙 (ひんしゅく) ヲ買ヒ、終ニ御用団体、反動団体暴力団等ノ名稱 (めいしょう) ヲ冠セラル、所トナリタリ」(前掲『社会運動の状況 4 昭和 7 年』809 頁)。
(33) ノルテは、各イデオロギーの土台となるメタシステムを「リベラルシステム(Das liberale System)と呼び、多くの著作で言及している。前掲「エルンスト・ノルテ研究のために——イデオロギーの内戦としての 20 世紀」202-204 頁参照。松本健一『思想としての右翼』第三文明社、1976 年、12 頁も参考になる。
(34)『現代日本社会 第 4 巻 歴史的前提』東京大学社会科学研究所編、東京大学出版会、1991 年、283-284 頁。
(35) 同上、270-271 頁。
(36) 前掲『社会運動の状況 4 昭和 7 年』811 頁。
(37) 信州国民党という地方右翼政党を母体として全国的国家主義政党に発展した。
(38) 前掲『最新 右翼辞典』476 頁。前掲『日本国家主義運動史Ⅰ』70-73 頁。右翼にありがちな仲間割れで党勢は不振に陥ったが、この青年部からは血盟団事件を引き起こした小沼正(井上準之助前蔵相殺害)、菱沼五郎(三井合名会社理事長の団琢磨殺害)、川崎長光、黒沢大二等が出ている(同上、73 頁)。
(39) 前掲『日本国家主義運動史Ⅰ』73-75 頁。
(40) 前掲「日本ファシズムの思想と運動」266 頁。
(41) 前掲『最新 右翼辞典』337-338 頁。前掲『日本国家主義運動史Ⅰ』77 頁。
(42) 前掲『社会運動の状況 4 昭和七年』822 頁。
(43) 同上、825 頁。
(44) 前掲『日本国家主義運動史Ⅰ』81-83 頁。

(45) 前掲『戦前における右翼団体の状況（上巻)』49 頁。
(46) 国本社には司法官、軍人、学者、財界など著名な人々が多かったが、官僚にも後藤文夫、本多熊太郎、川村貞四郎、田辺治通、河田烈、太田耕造（五・一五事件、血盟団事件では弁護士を務めた）などの名前が連ねられていた。
(47) 平沼騏一郎回顧録編纂委員会編『平沼騏一郎回顧録』学陽書房、1955 年、121 頁。平沼はリベラル親米派の西園寺公望と仲が悪く、金融資本からの信頼を得ることができず、首相の座を射止めることができないでいた。彼が首相に就任したのはリベラル派衰退後の 1938 年のことである。
(48)「国維会設立趣旨」『国維』第 1 号、1932 年、2 頁。
(49) 同上。
(50) 国維会については以下参照。吉田博司「国維会の成立と思想活動」中村勝範編『満州事変の衝撃』勁草書房、1996 年。河島真「国維会論――国維会と新官僚」日本史研究会編『日本史研究』360 号、1992 年。昭和 6・7 年の内務省関係の国維会の正会員の名前と役職については以下参照。亀井俊郎『金雞学院の風景』邑心文庫、2003 年、128 頁。
(51)『現代史資料 45 治安維持法』みすず書房、1973 年、646-649 頁。
(52)『現代史を語る 4 松本学 内政史研究会談話速記録』伊藤隆監修、現代史料出版、2006 年、258 頁。
(53) 1931 年 12 月時点で、地方の警察部長で国維会の正会員であったものは 7 名、知事は 2 名である。萱場軍蔵もその一人である。前掲『金雞学院の風景』128 頁。
(54) 小田部雄次「日本ファシズムの形成と「新官僚」――松本学と日本文化聯盟」日本現代史研究会編『日本ファシズム（1）国家と社会』大月書店、1981 年、91 頁。
(55) 小田部雄次「思想対策協議会――日本ファシズム形成期の思想対策」『立教日本史論集』創刊号、立教大学日本史研究会、1980 年、3 頁以下参照。荻野富士夫「総力戦下の治安体制」『アジア・太平洋戦争 2　戦争の政治学』岩波書店、2005 年、151 頁以下参照。
(56) 前掲「日本ファシズムの形成と『新官僚』」、94 頁以下参照。
(57) 同上、85 頁以下参照。
(58) 内務省警保局編『社会運動の状況 7　昭和 10 年』（復刻版）三一書房、1972 年、2 頁。松本の後を継いだ警保局長唐沢俊樹は「自分の時代にはもう共産運動というものがほとんどなかった」と述べている（前掲『現代史を語る 4 松本学』、272 頁）。
(59) 岡田啓介『岡田啓介回顧録』岡田貞寛編、中央公論新社（中公文庫）、1987 年、134 頁。
(60) JACAR（アジア歴史資料センター）Ref.B04012988500、「本邦ニ於ケル反共産主義運動関係雑件（I-4-5-1-4）（外務省外交史料館）」日本精神宣揚会「声明書」より。
(61) 井田磐楠『日独防共協定是か非か？』国際思想研究会、1936 年、17 頁。
(62) 前掲『日中戦争から世界戦争へ』281 頁。
(63)「国際反共連盟設立趣意書」『反共情報』第 1 巻第 2 号、国際反共連盟、1938 年、1 頁。
(64) 大和田衛「ゲ・ペ・ウの拷問体験記」前掲『反共情報』第 1 巻第 1 号・第 2 号。
(65) 理事には、菊池武夫、池田弘、井上清純、入江種矩、太田耕造、岩田愛之助（常任理事）が就任。なかでも池田弘、入江種矩、岩田愛之助は、「反共運動の三巨頭」と呼ばれていた（國守武夫『反共運動の三巨頭』国民政治経済研究所、1939 年）。評議員には蓑田胸喜、小林順一郎など右翼の大物とともに、松岡洋右、有田八郎、五來欣造、荒木貞夫、

赤池濃など外交官、学者、軍人、官僚が就任した。

(66) 近衛文麿「防共強化と新世界秩序の再建」前掲『反共情報』第 1 巻第 3 号、5-7 頁。

(67) 新谷卓『終戦と近衛上奏文——アジア・太平洋戦争と共産主義陰謀説』彩流社、2016 年。

(68) 当局によれば、コミンテルンとの連絡がコミンテルン上海極東局を通じて行われていたのは、1931 年までで、それ以降は米国共産党経由となったが、実際にはその後もフランスの租界などが連絡場所として使われていた(前掲『社会運動の状況 7　昭和 10 年』27 頁以下)。

(69) 前掲「総力戦下の治安体制」164 頁。中澤俊輔『治安維持法——なぜ政党政治は「悪法」を生んだか』中央公論新社(中公新書)、2012 年、202-212 頁。

(70) 前掲『社会運動の状況 7　昭和 10 年』28-34 頁。

(71) 延安と国内の共産党員の結びつきで、記録に残っているものは、網走刑務所を脱獄した岡田文吉が獄中の徳田球一の命を受けて延安にたどり着いたというものだけである(大森実『戦後秘史 3 祖国革命工作』講談社(講談社文庫)、1981 年、255-257 頁)。

(72) 同上、12-16 頁。内務省警保局編『社会運動の状況 8 昭和 11 年』(復刻版)三一書房、1972 年、24 頁以下。

(73) 井田磐楠「コミンテルンの展望」前掲『反共情報』第 1 巻第 2 号、9 頁。

(74)『現代史資料 45　治安維持法』みすず書房、1973 年、646-649 頁。

(75) 同上。

(76) 前掲「日本ファシズムの思想と運動」305 頁。

第四章

(1) 福本和夫「社会構成並びに変革の過程」『福本和夫全集』第 1 巻『マルクス主義の理論的研究 I』、こぶし書房、2010 年。

(2) 小林多喜二「転換期の人々」『小林多喜二全集』第 4 巻、新日本出版社、1992 年。

(3) 奥平康弘編『昭和思想統制史資料』第 3 巻『共産主義・無政府主義編』、生活社、1980 年、293 頁。

(4) 福本和夫『福本和夫全集』第 9 巻『日本ルネサンス史論』、こぶし書房、2009 年、47 頁。

第五章

(1) 本章を仕上げるにあたっては、本書の共著者であり友人であり、また京都大学の同僚でもある鈴木健雄君に、多くの協力をいただいた。ここに記して謝したい。

(2) 日本共産党中央委員会『日本共産党の 70 年　上』新日本出版社、1994 年、119 頁。

(3) 山川均「無産階級運動の方向転換」『前衛』第 1 号第 2 巻、1922 年、16-25 頁。

(4) 以上、Patricia Golden Steinhoff, *Tenko: Ideology and Societal Integration in Prewar Japan*, Harvard University: Ph. D., 1969, pp. 219-255.

(5) *Ibid.*, p. 231.

（6）Max Ward, *Thought Crime: Ideology & State Power in Interwar Japan*, Durham: University Press, 2019.
（7）*Ibid*., pp. 79-86.
（8）吉本隆明「転向論」『マチウ書試論／転向論』講談社学術文庫、1990 年、285-314 頁（Yoshimoto Takaaki, "On Tenko, or Ideological Conversation", *Review of Japanese Culture and Society* (20), 2008, pp. 99-119）。
（9）同書、300-303 頁。
（10）同書、303-304 頁。
（11）思想の科学研究会（編）『共同研究　転向』改定増補版、平凡社、1978 年。
（12）福家崇洋「鶴見俊輔と転向論」『現代思想』第 43 号第 15 巻、2015 年、99 頁。
（13）Thomas Duane Swift, *Yamakawa Hitoshi and the Dawn of Japanese Socialism*, University of California, Ph. D., 1970, p. iii.
（14）山川均（山川菊栄、向坂逸郎編）『山川均自伝』岩波書店、1961 年、25-27、67-68 頁。
（15）Swift, *op. cit*., p. 65.
（16）*Ibid,* p. 117.
（17）Sho Konishi, *Anarchist Modernity, Cooperatism and Japanese-Russian Intellectual Relations in Modern Japan*, Harvard: Harvard University Press, 2013, p. 178.
（18）*Ibid*.
（19）なお、1908 年に起きた赤旗事件によって結果、収監されていた山川は、大逆事件の難から逃れることができた。
（20）堺利彦「有島氏の農園放棄」『前衛』第 2 号第 1 巻、1922 年、2-3 頁。
（21）Konishi, *op. cit*., p. 349.
（22）*Ibid*., pp. 349-350.
（23）山川、前掲書、369 頁。
（24）山川、前掲論文。
（25）山川、前掲書、415-416 頁。
（26）同書、377-379 頁。
（27）この段落の説明、引用は、同書、412-414 頁より。
（28）この段落の説明、引用は、山川、前掲論文、20-21 頁より。
（29）同論文、25 頁。
（30）以上の箇所について、Kevin McDermott and Jeremy Agnew, *The Comintern: A History of International Communism from Lenin to Stalin*, Houndmills: MacMillan Press, 1996, pp. 28-31.
（31）Executive Committee of the Communist International. "Forward to New Work and New Struggles," in: John Riddell (ed.), *To the Masses. Proceedings of the Third Congress of the Communist International, 1921*, Leiden: Brill, 2015, p. 1037.
（32）奥平康弘（編）『昭和思想統制史資料第 4 巻　人民戦線事件編 1』生活社、1980 年、29 頁。
（33）Hans Martin Krämer und Till Knaudt, "Politische Agitation und Sozialreform im Alltag: Das 'Settlement' der Universität Tōkyō in Shitamachi", in: Stephan Köhn, Chantal Weber und Volker Elis (Hrsg.), *Tōkyō in den zwanziger Jahren. Experimentierfeld einer anderen Moderne?,* Wiesbaden: Harrassowitz, 2017, pp. 241-259.

（34）福島正夫『回想の東京帝大セツルメント』日本評論社、1984 年、133 頁。
（35）以上の箇所については、『東京帝国大学セツルメント年報』第 7 号、1931 年、6-7 頁より。
（36）以上の箇所については、『東京帝国大学セツルメント年報』第 2 号、1926 年、6-16 頁より。
（37）同上、7-13 頁。
（38）平井巳之助『名もなき者の記録　私の運動史』田畑書店、1981 年、56-57 頁。
（39）Smith, *op. cit.*, p. 126.
（40）Robert A Scalapino, *The Japanese Communist Movement*, Berkeley: University of California Press, 1967, pp. 33-35.
（41）山花秀雄「ある社会主義者の歩み　第 1 回 合法左派として闘い抜く」『月刊社会党』248 号、1977 年 7 月、219-222 頁。
（42）これはおそらく、その自伝が日本社会党の月刊誌で公表された 1977 年は、セツルメントでの過去に触れるのはまだ時期尚早だったからかもしれない。というのも、セツルメントの活動は、戦後、日本共産党によるものとされたためである。
（43）宮田親平『だれが風を見たでしょう　ボランティアの原点・東大セツルメント物語』文藝春秋、1995 年、73-74、149-156 頁。
（44）山花、前掲論文、227 頁。
（45）山花秀雄「ある社会主義者の歩み　第 2 回 新労農党の結成と共産党との対立」『月刊社会党』249 号、1977 年、182-190 頁。
（46）前掲書、189 頁。
（47）山花秀雄「ある社会主義者の歩み　第 3 回 無産政党の合同と人民戦線事件」『月刊社会党』250 号、1977 年 9 月、221-226 頁。
（48）なお蔣介石が起こした上海クーデーターの結果、4 月に香港で同会議を開催することは不可能となる。そのため、開催場所は湖北省の漢口へと移され、そこで 5 月 20 日から 27 日にかけて開催された。香川孝三「戦前期日本の労働組合とアジア（2）」『国際協力論集』第 4 号第 2 巻、1996 年、33-35 頁、同「戦前期日本の労働組合とアジア（3）」『国際協力論集』第 5 号第 1 巻、1997 年、89-91 頁。
（49）以上の箇所については、『自由聯合』17 号、1927 年 10 月 5 日、6 面（『自由聯合』復刻版、『自由聯合・自由聯合新聞』復刻版刊行会、1975 年、140 頁）。
（50）朝尾直弘（編）『岩波講座 日本歴史 20 近代 7』岩波書店、1982 年、183 頁。
（51）鍋山貞親『転向 15 年』労働出版社、1949 年、66 頁。
（52）Ward, *op.cit.*, p. 137
（53）平井、前掲書、125 頁。
（54）同書、126-128 頁
（55）同書、173 頁。
（56）同書、175-176 頁。
（57）思想の科学研究会、前掲書、376、405-406 頁。
（58）奥平、前掲書、69 頁。
（59）同書、52 頁。

第六章

（１）Gemeinsame Erklärung über die Gründung der „Union deutscher sozialistischer Organisationen in Großbritannien“ vom 19. März 1941, in: Ludwig Eiber (Hrsg.), *Die Sozialdemokratie in der Emigration. Die „Union deutscher sozialistischer Organisationen in Großbritannien“ 1941-1946 und ihre Mitglieder. Protokolle, Erklärungen, Materialien*, Bonn 1998, S.18-19.

（２）その他には、ベルリン・グループとハノーファー・グループがあった。安野正明『戦後ドイツ社会民主党史研究序説――組織改革とゴーデスベルク綱領への道』ミネルヴァ書房、2004 年、38-38 頁。

（３）Günter Plum, Volksfront, Konzentration und Mandatsfrage. Ein Beitrag zur Geschichte der SPD im Exil 1933-1939, in: *Vierteljahrshefte für Zeitgeschichte,* Jg. 18, Heft 4, Stuttgart 1970, S. 410-442. ここでは特に S.441.

（４）この過程については、例えば以下を参照。エーバーハルト・コルプ（柴田敬二訳）『ワイマル共和国史　研究の現状』刀水書房、1987 年、18-67 頁。

（５）この二分化を端的に指摘したものとしては、ヘルマン・ウェーバー「新版序言」オシップ・フレヒトハイム（高田爾郎訳）『ワイマル共和国期のドイツ共産党〔追補新版〕』ぺりかん社、1980 年、23-57 頁。ここでは特に 8 頁。

（６）ここでは伝統的な呼称に従い、資本主義体制を許容するか否か、また社会主義革命の継続を願うか否かを基にして、左に KPD を右に SPD を置いている。

（７）「分派政党」の定義については、以下を参照。Jan Foitzik, *Zwischen den Fronten. Zur Politik, Organisation und Funktion linker politischer Kleinorganisationen im Widerstand 1933 bis 1939/40*, Bonn 1986, S. 15-17.

（８）なお SAPD の場合、正確にはその在英指導部が共同代表となった。これはスウェーデンに亡命したヴィリー・ブラントのように、イギリス以外で活動する構成員も多かったためである。なお同盟には、労働組合の代表者も共同代表として参加している。Gemeinsame Erklärung.

（９）SAPD 並びに Neu Beginnen の党員数については、Foitzik, a.a.O., S. 25 u. 28 より。ISK の党員数は、Werner Link, *Die Geschichte des Internationalen Jugend-Bundes (IJB) und des Internationalen Sozialistischen Kampf-Bundes (ISK)*, Meisenheim am Glan 1964, S. 141 f. より。

（10）例えば、Thomas Meyer, Ethischer Sozialismus bei Leonard Nelson, in: Helmut Holzhey (Hrsg.), *Ethischer Sozialismus. Zur politischen Philosophie des Neukantianismus*, Frankfurt a. M. 1994, S. 301 ff. 同様の立場として他には、Susanne Miller, Kritische Philosophie als Herausforderung zum Widerstand gegen den Nationalsozialismus, in: Sabine Lemke Müller (Hrsg.), *Ethik des Widerstandes. Der Kampf des Internationalen Sozialistischen Kampfbundes (ISK) gegen den Nationalsozialismus. Quellen und Texte zum Widerstand aus der Arbeiterbewegung 1933-1945,* Bonn 1996, S. 32 f. これに対して、戦後 SPD 史家で我が国におけるアイヒラー研究の嚆矢である安野は慎重な評価を下している。安野前掲書、348-349 頁。

（11）Peter Lösche u. Franz Walter, *Die SPD: Klassenpartei – Volkspartei – Quotenpartei. Zur Entwicklung der Sozialdemokratie von Weimar bis zur deutschen Vereinigung*, Darmstadt 1992, S.

111（ペーター・レッシェ、フランツ・ヴァルター（岡田浩平訳）『ドイツ社会民主党の戦後史――国民政党の実践と課題』三元社、1996 年、154 頁）.

（12）Miles (=Walter Loewenheim), *Neu beginnen! Faschismus oder Sozialismus. Diskussionsgrundlage zu den Streitfragen des Sozialismus in unserer Epoche*, Karlsbad 1933.

（13）相馬保夫「ヴァイマルの残照――反ナチ抵抗運動の戦後ドイツ・ヨーロッパ構想」田村栄子、星乃治彦編『ヴァイマル共和国の光芒』昭和堂、2007 年、323 頁。プラハ宣言については、Kampf und Ziel des revolutionären Sozialismus. Die Politik der Sozialdemokratischen Partei Deutschlands, in: *Neuer Vorwärts. Sozialdemokratisches Wochenblatt*, Nr. 33, am 28, Januar 1934, S. 1-2.

（14）IJB 並びに ISK の成立過程については、鈴木健雄「ドイツ社会主義の「倫理的な基礎づけ」の起源に関する一考察――レオナルト・ネルゾンの哲学と IJB/ISK の政治的立場に着目して」『世界史研究論叢』第 9 号、2019 年、23-35 頁を参照。

（15）Meyer, a.a.O.

（16）Thomas Meyer, Willi Eichler – Vater des Godesberger Programms. Eine Erinnerung zum 20. Todestag, in: *Die Neue Gesellschaft/Frankfurter Hefte*, Jg. 38, Nov. 1991, S. 1048-1049.

（17）鈴木前掲論文、26 頁。

（18）同論文、28 頁。

（19）*Protokoll über die Verhandlungen des SPD-Parteitags Heidelberg 1925. Unveränderter Nachdruck der Ausggabe Berlin 1925*, Berlin/Bonn/Bad Godesberg 1974, S. 106.

（20）Walter Laqueur, *Die deutsche Jugendbewegung. Eine historische Studie*, Gütersloh 1962, S. 111（ウォルター・ラカー（西村稔訳）『ドイツ青年運動――ワンダーフォーゲルからナチズムへ』人文書院、1985 年、124 頁）.

（21）クルト・ゾントハイマー（河島幸夫、脇圭平訳）『ワイマール共和国の政治思想』ミネルヴァ書房、1976 年、222-231 頁。

（22）同書、222-223 頁。

（23）Leonard Nelson, Was ist liberal? (1908), in: ders, *Gesammelte Schriften*, Bd. 9, S. 15f.

（24）Stefan Vogt, *Nationaler Sozialismus und Soziale Demokratie: Die sozialdemokratische Junge Rechte 1918-1945*, Bonn 2006, S.80ff.

（25）Ebenda, S. 26 f. u. 50-56. IJB との関わりについては、Link, a.a.O., S 79-86.

（26）Satzung des Internationalen Jugend-Bundes, in: Bertha Gysin (Hrsg.), *Der Völker-Bund der Jugend*, Leipzig 1920, S. 60-63.

（27）鈴木前掲論文、28 頁。

（28）Heiner Lindner, *„Um etwas zu erreichen, muss man sich etwas vornehmen, von dem man glaubt, dass es unmöglich sei.“ Der Internationale Sozialistische Kampf-Bund (ISK) und seine Publikationen*, Bonn-Bad Godesberg 2006, S. 27f.

（29）Ebenda.

（30）Franke, a.a.O., S. 191-196.

（31）IJB の綱領的小冊子である『青年による国際連盟』には「能力のある指導者になる資質をもった人々は、全ての社会階層に存在し」、「何もアビトゥーアを通った人々に限らない」と明言されていた。Klara Deppe, Aufgaben und Gefahren, in: Bertha Gysin (Hrsg.), a.a.O.,

S. 32.

(32) 安野が指摘するように 1925 年のヴァイマル共和国大統領の二次選挙において、SPD 指導部が自党候補のオットー・ブラウンを取りさげて、カトリック中央党のエーリッヒ・マルクスに投票することを決めたことに対して、ネルゾンら IJB 構成員らが厳しい批判を加えていたことも無視できない要因であったが、党指導部が看過できないほどの影響力を IJB がもっていたことは着目に値する。安野、前掲書、126 頁。

(33) Leondard Nelson, Lebensnähe, in: ders, *Gesammelte Schriften*, Bd. 9, S. 381.

(34) Satzung des Internationalen Sozialistischen Kampf-Bundes, in: *isk. Mitteilungsblatt des Internationalen Sozialistischen Kampfbundes*〔以下、「isk」と略記〕, Jg. 1, Heft 2, 1926, S. 29.

(35) これらの立場は例えば 1937 年に発行された以下の ISK の綱領にもみられ、ネルゾンの死後 10 年間は少なくとも踏襲されていたことがわかる。ISK, *Die Sozialistische Republik. Das Programm des ISK*, London 1937.

(36) Willi Eichler, Das kleinste Übel. Zu den deutschen Parlamentswahlen, in: *isk*, Jg. 3, Heft 5, 1928, S. 70f.

(37) Minna Specht, Die Nationalsozialisten. Hitlers Rückendeckung, in: *isk*, Jg. 5, Heft 4, 1930, S. 51f.

(38) Susanne Miller, „Ich wollte ein anständiger Mensch bleiben". Frauen des Internationalen Sozialistischen Kampfbundes (ISK) im Widerstand, in: Lemke-Müller (Hrsg.), *Ethik des Widerstandes*, S. 148.

(39) 例えば、Lindner, a.a.O., S. 50. 他には、Link, a.a.O., S 145 f.

(40) なお、抵抗運動の形態は主には、国内外で印刷された非合法出版物の配布、流布、あるいは国内の状況の国外への伝達といった言論活動であった。同時期、国内外で ISK が発行した出版物について、詳しくは Lindner, a.a.O. を参照。

(41) SPD によるドイツ国内での非合法活動は 1934 年初頭までに一掃されるとともに、KPD によるそれも、早々とスパイによる監視下に置かれたとされる。Erich Matthias, Die Sozialdemokratische Partei Deutschlands, in: Erich Matthias u. Rudolf Morsey (Hrsg.), *Das Ende der Parteien*, Düsseldorf 1960, S. 193（エーリッヒ・マティアス（安世舟、山田徹訳）『なぜヒトラーを阻止できなかったか――社会民主党の政治行動とイデオロギー』岩波現代選書、1984 年、152-153 頁）.

(42) Michael Schneider, *Unterm Hakenkreuz. Arbeiter und Arbeiterbewegung 1933 bis 1939*, Bonn 1999, S. 832 f.

(43) その過程で、組織内外の人間に向けて、『ラインハルト・ブリーフェ』『*Sozialistische Warte*（社会主義的見地）』『*Germany Speaks*』『*Europe Speaks*』『ルネッサンス』といった複数の定期刊行物が発行された。

(44) リンクの試算によると、3 割弱が高等教育あるいはそれに準ずる教育を受けていたとされる。Link, a.a.O., S. 143.

(45) Miles, a.a.O.　なお、グラフィア社はチェコ・カールスバード（チェコ名：カルロヴィ・バリ）に置かれた、ゾパーデの出版社で、その機関紙『Neue Vowärts』のほか、アルトゥール・ローゼンベルクの『ヴァイマル共和国史』をはじめとする複数の社会主義関連書籍を発行したことで知られている。

(46) Jan Foitzik, Einführung, in: Walter Loewenheim, *Geschichte der Org [Neu Beginnen] 1929-1935,*

Berlin 1995, S. 13.

(47) Miles, a.a.O., S.6 f.

(48) Ebenda.

(49) Miles, a.a.O., S. 42.

(50) Kurt Menz (=Walter Loewenheim), Die Proletarische Revolution. Allgeimeine Grundzüge ihrer Theorie und ihrer Besonderheiten in Deutschland (am 1. Mai 1931), in: *Loewenheim*, *Geschichte der Org,* S. 40-47.

(51) Ebenda.

(52) この統一的な組織を実現することが、「我々の第一の課題」であると彼は述べる。Ebenda, S.67

(53) Foitzik, Einführung, S. 16 f. なお、「F コース」は Fortgeschrittene-Kurse（上級者向けコース）の略語である。

(54) Ebenda.

(55) この拡大には、前年の冬に方針が一部変更され、幹部が個人の判断で構成員を勧誘しても良くなったことも影響したとされる。Ebenda.

(56) Foitzik, *Zwischen den Fronten*, S. 78.

(57) 各綱領の位置付けについては、山本佐門「ドイツ社会民主主義の基本理念－その綱領史的再考」『北大法学論集』第 40 号、985-1014 頁を参照。各綱領の原文は、Heinrich Potthoff u. Sussanne Miller (Hrsg.), *Kleine Geschichte der SPD 1848-2002*, Bonn 2002, S. 463-466 u. 469-479.

(58) 山本前掲論文、Lösche u. Walter, a.a.O.

第七章

(1) 佐々木基一「『戦後文学』は幻影だつた」『群像』講談社、17 巻 8 号、1962 年、126 頁。

(2) 中村光夫「占領下の文学」『文学』岩波書店、20 巻 6 号、1952 年、16 頁

(3) 大久保典夫「解題「戦後文学」論争」臼井吉見監修『戦後文学論争 下巻』番町書房、1972 年、623 頁。

(4) 本多秋五「戦後文学は幻影か」『群像』講談社、17 巻 9 号、1962 年、156 頁。

(5) 大岡昇平「戦後文学は復活した」『群像』講談社、18 巻 1 号、1963 年、183 頁。

(6) 大江健三郎「戦後文学をどう受けとめたか」『群像』講談社、18 巻 2 号、1963 年、188 頁。

(7) 佐々木「『戦後文学』は幻影だつた」127 頁。

(8) 山室静「戦後文学のロマンチックな夢――「近代文学」のこと、自分のこと」『群像』講談社、18 巻 6 号、1963 年、192 頁。

(9) 宮内豊「『近代主義』の問題――ひとつの切口」『佐々木基一全集』第三巻、河出書房新社、2013 年、499 頁。

(10) 佐々木「『戦後文学』は幻影だつた」131-132 頁。

(11) 平野謙「女房的文学論」『文藝』河出書房、4 巻 4 号、1947 年。引用は『平野謙全集』第一巻、新潮社、1975 年、242 頁。

(12) 伊藤整「組織と人間　人間の自由について」『改造』改造社、34 巻 14 号、1953 年、217 頁。
(13) 伊藤、前掲論文、219 頁。
(14) 平野謙「個人にのしかかる組織 戦後文芸思潮の一規定」『法政』法政大学、4 巻 11 号、1956 年、24 頁。
(15) 平野「個人にのしかかる組織」25-26 頁。
(16) 佐々木「『戦後文学』は幻影だつた」134 頁。
(17) 佐々木「『戦後文学』は幻影だつた」133 頁。
(18) 吉本隆明「戦後文学は何処へ行つたか」『群像』講談社、11 巻 8 号、1956 年、123 頁。
(19) 佐伯彰一「戦後文学の遠望　幻影に賭けた情熱」『自由』自由社、3 巻 8 号、1961 年、97 頁。
(20) 江藤淳「青春の荒廃について——純文学論争を截る」『群像』講談社、17 巻 4 号、1962 年、164 頁。
(21) 佐々木「『戦後文学』は幻影だつた」137 頁。
(22) 佐々木「『戦後文学』は幻影だつた」137 頁。
(23) 本多秋五「芸術 歴史 人間」『近代文学』近代文学社、1 巻 1 号、1946 年、3 頁。
(24) 佐々木基一「政治と文学」『群像』講談社、13 巻 6 号、1958 年。引用は佐々木基一『現代英術はどうなるか』講談社、1959 年、128-132 頁。
(25) 佐々木基一「革命と芸術の問題」『群像』講談社、13 巻 7 号、1958 年。引用は佐々木『現代芸術はどうなるか』146 頁。
(26) 高畠通敏は、「安保条約は、意見が分裂して容易に結論がでにくい高度に政治的な問題であって、国民的な広がりをもつ大衆団体の手に負いかねる種類の問題だった」と指摘している（「『60 年安保』の精神史」テツオ・ナジタ他編『戦後日本の精神史』岩波書店、2001 年、77 頁）。
(27) 小熊英二『〈民主〉と〈愛国〉戦後日本のナショナリズムと公共性』新曜社、2002 年、512 頁。
(28) 中村政則『戦後史』岩波書店、2005 年、76 頁。
(29) 佐々木「『戦後文学』は幻影だつた」128 頁。
(30) 佐々木「『戦後文学』は幻影だつた」128 頁。
(31) 佐々木「『戦後文学』は幻影だつた」128 頁。
(32) 花田清輝・佐々木基一「非暴力の思想」『現代の眼』現代評論社、3 巻 8 号、1962 年、43 頁。
(33) ヴィクター・コシュマン、葛西弘隆訳『戦後日本の民主主義革命と主体性』平凡社、2011 年、15-16 頁。
(34) 道場親信「ゆれる運動主体と空前の大闘争——「六〇年安保」の重層的理解のために」『年報・日本現代史』現代史料出版、15 号、2010 年、85 頁。
(35) 竹内好「民主か独裁か」『図書新聞』555 号、1960 年、1 頁。
(36) 道場、前掲論文、87 頁。
(37) 清水幾太郎「安保戦争の『不幸な主役』——安保闘争はなぜ挫折したか・私小説風の総括」『中央公論』中央公論社、75 巻 10 号、1960 年、188 頁。
(38) 竹内好「安保闘争　なぜ勝利というか」『週刊読書人』333 号、1960 年、1 頁。
(39) 丸山真男「八・一五と五・一九——日本民主主義の歴史的意味」『中央公論』中央公論社、75 巻 9 号、1960 年、45 頁。
(40) 丸山、前掲論文、51 頁。

（41）丸山、前掲論文、52 頁。
（42）吉本隆明「擬制の終焉」谷川雁ほか『民主主義の神話』現代思潮社、1960 年、44 頁。
（43）吉本「擬制の終焉」71-72 頁。
（44）江藤淳「〝戦後〟知識人の破産――理想主義者の幻想が日本を『危地』においやった」『文藝春秋』文藝春秋新社、38 巻 11 号、1960 年、98 頁。
（45）江藤「〝戦後〟知識人の破産――理想主義者の幻想が日本を『危地』においやった」106 頁。
（46）佐々木「『戦後文学』は幻影だつた」128 頁。
（47）小熊、前掲書、523 頁。
（48）佐々木「『戦後文学』は幻影だつた」128 頁。
（49）「共同宣言　暴力を廃し議会主義を守れ」『朝日新聞』1960 年 6 月 17 日、1 頁。
（50）竹内好「戦いのための四つの条件」『思想の科学』中央公論社、19 号、1960 年、18 頁。
（51）こうした視点はすでに埴谷雄高が「六月の《革命なき革命》」（『群像』講談社、15 巻 8 号、1960 年）のなかで提起しており、佐々木も「戦後文学幻影説」の中で埴谷の議論を参照している。
（52）佐々木基一「戦後の文学」荒正人ほか編『昭和文学史 下巻』角川書店、1956 年、20 頁。
（53）佐々木基一「『新戯作派』について」『解釈と鑑賞』至文堂、27 巻 5 号、1962 年、126 頁。
（54）佐々木「『新戯作派』について」124 頁。
（55）佐々木「『新戯作派』について」127 頁。
（56）平野謙『昭和文学史』筑摩書房、1963 年、207 頁。
（57）立尾真士「平野謙の『戦後』――『昭和十年前後』と『昭和十年代』をめぐって」『亜細亜大学学術文化紀要』亜細亜大学、22 号、2013 年、39-57 頁。
（58）絓秀実『増補　革命的な、あまりに革命的な』筑摩書房、2018 年、20-21 頁。
（59）梶尾文武「想像力と戦後転向――戦後批評第二世代の文壇形成」『文学』岩波書店、17 巻 3 号、2016 年、144-146 頁。